REFLEJOS EN EL RÍO PLATA

LIBROS Y TRADUCCIONES DE KEN MCLEOD

Reflejos en el Río Plata (2019)

A Trackless Path (2016)

Reflections on Silver River (2014)

An Arrow to the Heart (2007)

Wake Up to Your Life (2001)

The Great Path of Awakening (1987)

Reflejos en el Río Plata

Las treinta y siete prácticas de un bodhisattva
de Tokmé Zongpo

Traducción y comentarios originales por
Ken McLeod

Traducción al español por
Paola Bortoni

Unfettered Mind Media
Pragmatic Buddhism
Sonoma, California

Reflejos en el Río Plata: las treinta y siete prácticas de un bodhisattva
de Tokmé Zongpo

Copyright © 2019 Ken McLeod

Todos los derechos están reservados bajo las convenciones de los derechos de autor internacionales y panamericanos. Ninguna parte de este libro puede ser usada ni reproducida de ninguna manera sin el permiso expreso y por escrito del editor, excepto en el caso de citas breves incorporadas en artículos críticos y en revisiones.

ISBN 978-0-9895153-7-5

Unfettered Mind Media

www.unfetteredmind.org

Impreso en los Estados Unidos de América

Foto de la cubierta: Ebrahim Faraji Tark

Diseño del libro: VJB/Scribe

3 5 8 7 9 8 6 4 2

Primera Edición

La mañana llega, pongas el despertador o no.
—URSULA K. LE GUIN

CONTENIDO

Prefacio ix
Introducción del Traductor xi

Introducción 1

Los Versos 19

Comentario 29

Reconocimientos 175
Acerca del Autor 177

PREFACIO

ES UN PLACER PARA MÍ PRESENTAR ESTA TRADUCCIÓN al español de mi traducción y comentario de las *Treinta y siete prácticas de un bodhisattva* de Tokmé Zongo. Hace algunos años realicé una nueva traducción al inglés y escribí una interpretación de las 37 prácticas. Este libro fue bien recibido e inspiró literalmente a miles para que profundizaran su práctica y su compasión.

Seiscientos años atrás, un joven monje que se llamaba Tokmé Zongpo, estaba sumamente consternado por la corrupción y el materialismo de sus compañeros. Él escribió las *Treinta y siete prácticas de un bodhisattva*, un breve tratado en verso para recordarse a sí mismo los puntos esenciales del camino del bodhisattva.

El texto original condensa la práctica Mahayana (como se enseña en el budismo tibetano) en sólo cuarenta versos (incluyendo la introducción y la conclusión). Los versos son concisos, sucintos y directos. Cubren todo, desde la motivación básica hasta cómo manejar emociones difíciles, hasta las seis perfecciones e incluso los puntos esenciales de la meditación sobre la vacuidad. En Tíbet este texto es bien conocido, profundamente estimado y altamente respetado por los maestros de cada tradición. En mi propia vida se convirtió en un cimiento en el cual me pude apoyar cada vez que encontraba dificultades que me llevaban más allá del método conceptual y convencional.

En lugar del comentario tradicional con explicaciones canónicas e instrucciones para la práctica, he tratado de darle el sabor de cómo poner en práctica estos preceptos y vivirlos en la vida de uno mismo. Parece que este enfoque ha tocado la fibra sensible en mucha gente y estoy profundamente agradecido a Paola Bortoni, quien se dio a la tarea de traducir este libro al español.

También estoy profundamente agradecido a Cecilia Amador, quien bondadosamente se ofreció a hacer la corrección de estilo y ofreció muchas enmiendas. Mis más profundas gracias a Carrie Tamburo, quien editó la traducción y supervisó la corrección de estilo. Sin ella, la edición en español nunca habría salido a la luz. Finalmente, le doy las gracias a Valerie B. Caldwell por el diseño excelente que realizó tanto en la edición en papel como en la digital.

La sabiduría de los ancestros es especialmente importante en estos tiempos tan cambiantes y mi deseo para ti lector, es que encuentres la guía y la inspiración para practicar desde tu corazón la compasión en tu vida.

Ken McLeod
California, 2019

INTRODUCCIÓN TRADUCTOR

EL LIBRO *REFLEJOS EN EL RÍO PLATA* CAYÓ EN MIS manos como resultado de importantes decisiones que me llevaron a Gampo Abbey en el verano del 2017. Estuve 6 semanas colaborando con la comunidad monástica como voluntaria. Hice grandes amistades y entre ellas conocí a una monja entrañable que me regaló el libro el último día que estuve en el monasterio, justo antes de volver a España.

Practico meditación desde hace más de una década. A través de los años he recibido innumerables apoyos y ayuda en el camino, y este libro, junto con las circunstancias que se dieron para que yo lo leyera, fue nuevamente una invitación a profundizar y reforzar mi práctica. Hasta entonces, yo no tenía ningún conocimiento sobre el budismo tibetano, ni de las treita y siete prácticas, ni nada que ver con otra cosa que no fuera mi práctica diaria de meditación Vipassana. El libro me atrapó desde el primer momento por la manera tan directa, tan exacta de ofrecer posibilidades para aplicar la práctica en la vida diaria. No tengo, ni he tenido, un maestro cercano que me acompañara, ni una referencia que me ayudara a examinar los diferentes aspectos de la práctica. Uno de mis errores ha sido dar las cosas por hecho. Este libro me ha sentado frente a un espejo y los reflejos han sido sumamente enriquecedores. Cierto es que en algunos momentos me ha resultado incómodo, doloroso y a veces incluso humillante reconocer que tras años de práctica había cosas que no había tenido en cuenta, aspectos que había pasado por alto. ¡Pero darme cuenta era maravilloso! Me fascinó sentirme acorralada y libre a la vez. Empecé a cuestionarme tantas cosas, a examinarme de una manera distinta, y era como si de repente pudiera aprovechar aún más cada momento de mi vida.

Me gustó tantísimo el libro, que lo volví a leer una segunda vez y una tercera. Llegué a la conclusión de que lo que yo experimentaba al leer este libro tenía que ser compartido. Que muchas de mis compañeras y compañeros del camino podrían encontrar un complemento muy valioso para su práctica. El problema era el idioma y es que algunos de ellos no hablan inglés. Entonces decidí escribirle al autor y solicitar su autorización para traducirlo. Sentía una enorme gratitud hacia Ken McLeod por la aportación que este hombre, desconocido para mi, estaba haciendo a mi vida y le pedí que aceptara mi traducción como un regalo. No soy traductora profesional, ni considero que tenga una habilidad especial para emprender una tarea tan importante como la traducción de su libro. Pero el llamado fue fuerte, y a pesar de mi inseguridad, elegí simplemente hacerlo, sin pensar en el resultado, si lo haría bien o mal, si el libro llegaría a publicarse o si estaría perdiendo el tiempo. Afortunadamente, fui determinante en mi deseo de hacerlo. Dejé a un lado la duda, el miedo, la complejidad, todo lo que representara un obstáculo y simplemente comencé la traducción hasta terminarla. Tuve la fortuna de contar con los recursos necesarios: el tiempo, el apoyo y el amor para que esta tarea pudiera completarse.

El tiempo dedicado a la traducción de este libro ha sido bellamente invertido y por ello me siento muy afortunada. He leído y releído el libro y he sido la primera en beneficiarme de la traducción. Deseo que el libro que vas a leer a continuación ilumine tu práctica, tu vida. Que los reflejos que encuentres te inspiren para poner en práctica lo que consideres oportuno. Que te fortalezca y multiplique tu comprensión, compasión y sabiduría.

Paola Bortoni
Sevilla, 13 de febrero de 2019

INTRODUCCIÓN

>Si es mejor para mí estar enfermo,
>Que tenga la energía para estar enfermo.
>Si es mejor para mí recuperarme,
>Que tenga la energía para recuperarme.
>Si es mejor para mí morirme,
>Que tenga la energía para morir.

ESE FUE MI PRIMER ENCUENTRO CON TOKMÉ ZONGPO de Río Plata (Tib. *rngul-chu thogs-med bzang-po*). Me pidieron traducir *La gran vía del despertar*, el comentario de Jamgön Kongtrül a *El entrenamiento de la mente en siete puntos*. Kongtrül había incluido esta oración como suplemento a la instrucción de «Abandona las expectativas y el miedo». Era la oración más extraña que había visto y no tenía sentido para mí. ¿Por qué rezar para estar enfermo? ¿Por qué rezar para morir? No tenía atribución (una práctica común en la literatura religiosa tibetana). No sabía de dónde venía la oración ni quién la había escrito. Al final, solo la traduje como parte del texto y no pensé más en ello.

Mi siguiente encuentro fue durante mi primer año del retiro de tres años en Francia. Nuestro director del retiro nos dio copias de *Las treinta y siete prácticas de un bodhisattva* de Tokmé Zongpo (Tib. *rgyal-sras lag-len so-bdun-ma*) y sugirió que las estudiáramos. Se trataba claramente de un texto del género *lam-rim*; una presentación secuencial del camino Mahayana, tal y como era comprendido y practicado en la tradición tibetana. La mayoría de los textos de este género contienen cientos de páginas y cubren en gran medida el mismo material con mayor o menor detalle, dependiendo del autor. Desde mi punto de vista, lo que tenía a favor *Las treinta y siete prácticas* era que el texto era, afortunadamente, corto; un resumen que cubría todo el camino en solo treinta y siete estrofas.

En ese retiro, estudié muchos textos diferentes, ensamblando gradualmente el intrincado mosaico barroco del budismo tibetano. El nombre de Tokmé Zongpo continuaba surgiendo en lugares inesperados. A pesar de que esta persona claramente había ejercido una influencia considerable a lo largo de los siglos, yo estaba demasiado atrapado en mis propios desafíos para prestar mucha atención a otro erudito medieval que había escrito otro texto sobre el camino del bodhisattva.

La intensidad de la práctica en el retiro hizo que surgieran profundos y arraigados bloqueos que me rompieron física y emocionalmente. A menudo estaba demasiado enfermo para hacer las prácticas asignadas. Nada de lo que leía me ayudaba, ni los consejos que recibía de mi maestro o de nuestro director del retiro. Todo lo que podía hacer era aguantar lo mejor que podía el dolor físico y la miseria emocional. Intenté, sin mucho éxito, mantener el control de mi mente. Sin saber qué más hacer, me volví hacia la práctica de tomar y enviar (*gtong len* tibetano, pron. tonglen), una práctica que conocía bien. En el comentario de Kongtrül, el texto que había traducido antes del retiro, volví a encontrarme con esa oración extraña otra vez:

> Si es mejor para mí estar enfermo,
> Que tenga la energía para estar enfermo.
> Si es mejor para mí recuperarme,
> Que tenga la energía para recuperarme.
> Si es mejor para mí morirme,
> Que tenga la energía para morir.

Ahora empezaba a entender la oración. Físicamente me encontraba más allá de lo miserable y emocionalmente estaba en peor forma todavía. Estaba asustado también porque no veía como podría continuar. Seguí esperando alguna salida; algo, cualquier cosa, que pudiera disipar el dolor y la depresión.

La oración no alivió mi sufrimiento físico ni emocional. Solo la decía una y otra vez, luchando por aceptar lo que me estaba sucediendo. Continué la práctica de tomar y enviar porque es una práctica que es posible hacer incluso cuando se está extremadamente enfermo o molesto, o ambos. Después algo pasó. Hasta el día de hoy no estoy seguro qué fue lo que cambió, pero sí sé que me di por vencido en la vida. Abandoné cualquier esperanza de volver a ser feliz o de estar bien otra vez, o de iluminarme algún día, o de alcanzar el despertar, como quiera llamarse. Esas posibilidades estaban tan absolutamente remotas que era como si no existieran.

Un día de primavera salí tambaleándome de mi habitación por un poco de aire fresco. Apenas podía mantenerme de pie y tuve que apoyarme en un árbol. Los árboles de acacia estaban floreciendo, flores blancas contra un cielo azul claro. El calor del sol disipó el constante frío que se sentía en nuestras celdas de cemento. Mientras miraba alrededor, me sentí tranquilo en la alegría del momento y en paz con el dolor. Entonces caí en la cuenta: este era el punto de la práctica; ¡nada más! La vida te presenta diferentes experiencias, cada experiencia tiene infinitas dimensiones ¿Puedes experimentarlas todas sin luchar en contra de ninguna? Si lo consigues, entonces el sufrimiento termina; tan obvio, tan simple, tan profundo, tan maravilloso.

Incluso después del retiro mis dificultades estaban lejos de acabarse. Volví a esta oración una y otra vez. Con el tiempo, supe que Tokmé Zongpo la había escrito cuando atravesaba una larga, constante y debilitante enfermedad. La misma oración que había confortado a un monje del siglo XIV en sus tribulaciones también me hablaba a mí. Parecía que Tokmé Zongpo comprendía la condición humana muy profundamente. Empecé a apreciar que él era más que simplemente otro erudito medieval. Él sabía aceptar todo lo que la vida le presentaba, lo bueno y lo malo, sin perder su humanidad.

Nacido en 1295 en el centro de Tíbet, Tokmé Zongpo quedó huérfano a una edad temprana. Su madre murió cuando él tenía tres años y su padre dos años más tarde. Entonces su abuela se encargó de él. Cuando ella murió cuatro años más tarde, un tío se hizo cargo. De su tío, aprendió a leer y a escribir (un raro logro para un tibetano común del siglo XIV). Animado por su tío, entró a la vida monástica a los 14 años. De estos humildes comienzos, Tokmé Zongpo emergió para convertirse en un prodigioso estudiante, un abad respetable, un practicante dedicado y un ícono de compasión.

Aunque era un monje joven en la tradición Kadampa, Tokmé Zongpo rápidamente dominó el plan de estudios clásicos. A los diecinueve años, ya se le aclamaba como el segundo Asanga, su homónimo, el gran maestro indio del siglo IV (Tokmé es tibetano para Asanga).

La vida en un monasterio tibetano en el siglo XIV distaba mucho de ser fácil. Mientras que los monasterios solían proporcionar alimento y alojamiento, para el resto de los gastos —desde las necesidades básicas hasta las ofrendas para el entrenamiento y la enseñanza— un monje dependía de parientes, patrocinios, o de realizar rituales e investiduras para atraer ofrendas. Tokmé Zongpo no tenía parientes y su humilde y silenciosa actitud no atraía patrocinadores. Cuando se le presentaban dificultades para sobrevivir, le aconsejaban que hiciera rituales para los aldeanos o que diera investiduras. Ese enfoque materialista —usar las ceremonias espirituales para conseguir dinero— era impensable para él. En lugar de eso, se sentó y escribió un poema para recordarse a sí mismo las prácticas esenciales del camino que había elegido. Ese poema nos llega hoy como *Las treinta y siete prácticas de un bodhisattva*.

Cuando tenía treinta y dos años fue nombrado abad de un monasterio. Nueve años más tarde, rechazó un nombramiento posterior, insistiendo en que se buscara a una persona mejor. Retirándose a una ermita en Ngülchu (Río Plata), se dedicó a practicar durante los siguientes veinte años. Ejemplos de su compasión se volvieron leyenda en Tíbet. Los mendigos se negaron a aceptar su limosna porque sabían que él les daría hasta la última taza de harina de cebada o la túnica de su espalda. Los soldados detenían sus ataques cuando él estaba presente. Los lobos y las ovejas jugaban juntos pacíficamente en frente de él.

Muchos años después cuando estaba viviendo en Los Ángeles, fui a escuchar las enseñanzas de Garchen Rinpoche, una persona que sabía lo que era sufrir a un nivel muy diferente a las dificultades que yo había tenido en el retiro. Él había estado por años en una prisión china en las más duras condiciones: arduo trabajo, trapos para vestir, comida infame. Uno de los más respetados maestros Dzogchen del siglo XX estaba en la misma prisión. Garchen Rinpoche pudo estudiar con él, incluso cuando a los prisioneros no se les permitía hablar entre ellos. Los reportes de la práctica y la guía consistían en una oración o en el gruñido de una palabra mientras se cruzaban en el pasillo. Hoy Garchen Rinpoche irradia una paz y compasión que pueden venir solo de una profunda comprensión y experiencia. Él reparte copias de *Las treinta y siete prácticas* a cualquiera que llegue a escuchar sus enseñanzas. Es un texto que atesora por encima de todos. Claramente yo me había perdido algo.

Descargué una copia del texto en tibetano y lo leí cuidadosamente. Esta vez aprecié a Tokmé Zongpo de una manera muy diferente. Su lenguaje era claro y sus consejos de una integridad intachable.

Los placeres sensuales son como agua salada:
Cuanto más la bebes, más aumenta la sed.
Cualquier objeto al que te apegues,
De inmediato, déjalo ir; esta es la práctica de un bodhisattva.

Tokmé Zongpo no presenta largos argumentos utilitarios sobre lo indeseable del deseo; simplemente expone lo que todos sabemos, pero convenientemente olvidamos. Los patrones asociados al placer son insidiosos: siempre queremos más. Él no dice: «No disfrutes las cosas»; solamente dice: «suéltalo». Este consejo es tan relevante para una barra de chocolate como para la alegría que surge en la práctica de meditación. Ambas experiencias pueden atraparnos.

En otra estrofa, escribe:

Si alguien te humilla y te denuncia
Frente a una multitud de gente,
Piensa en esa persona como tu maestro
Y humildemente hónralo; esta es la práctica de un bodhisattva.

La vergüenza es una emoción muy poderosa. ¿Te imaginas ser públicamente avergonzado, y ser capaz de soportarlo pacientemente, y en ese momento apreciar a la persona que te humilla por ponerte visceralmente en contacto con tu ilusorio sentido del ser, y después honrarla? Al poner el asunto en un lenguaje tan determinante, Tokmé Zongpo plantea un desafío: ¿podrías experimentar cualquier cosa que se te presente en la vida sin reaccionar? Si su vida es una indicación, Tokmé Zongpo tomó su propio consejo seriamente. La mayoría de nosotros, si no sentimos una puñalada de terror en nuestras entrañas al leer esta estrofa, solo sacudimos la cabeza y nos reímos un poco avergonzados.

Las treinta y siete prácticas tratan del camino del bodhisattva. ¿Qué entonces es un bodhisattva? Una respuesta es que un bodhisattva es una persona que vive e infunde compasión. La compasión es generalmente entendida como una emoción, pero la compasión del bodhisattva no es un sentimiento; no es lástima. Es una cualidad de la conciencia misma, el saber primordial de nuestra humanidad. Muchos de nosotros hemos tenido experiencias de este tipo de compasión, momentos en los que el corazón y la mente son claros como el agua, y simplemente respondemos a las necesidades del momento.

A menudo esas experiencias surgen cuando un amigo o familiar enfrenta una gran pérdida: la muerte de un hijo, el final de una relación, un desastre natural que destruye un hogar o la vida. En esos momentos estamos ahí con nuestro amigo. Podemos sentarnos en silencio a su lado, en el silencio de la conexión. Cuando hablamos no sabemos de dónde vienen las palabras, pero vienen. Al mirar atrás recordamos esos momentos como momentos de intimidad mágica, en los que estamos completamente presentes con la otra persona, con una compasión que conoce el dolor pero que está libre de lástima, juicios, sentimentalismo y desesperación. En esos momentos no tenemos un sentido del «yo» y del «otro». Simplemente estamos ahí, completamente atentos y presentes.

Se puede decir que una persona está despierta cuando él o ella puede conectar con este saber, con esta manera de experimentar la vida, cuando así lo desee. La palabra *bodhi* significa «despertar» y *sattva* significa «ser». Por consiguiente, un bodhisattva es una persona despierta o que aspira a despertar. Cuando esta conciencia está presente, simplemente respondes al dolor y a las dificultades de otros de cualquier manera posible en tu vida. En otras palabras, un bodhisattva vive e infunde compasión.

Esto es un ideal, por supuesto, y como cualquier ideal, es imposible alcanzarlo. Fallamos inevitablemente, una y otra vez. Sin embargo, a través de esos esfuerzos repetidos, forjamos un camino en la vida, un camino que lleva a la profunda aceptación de la condición humana. El punto aquí es que, en la lucha por un ideal, inevitablemente nos topamos con nuestras propias limitaciones. Los verdaderos desafíos que enfrentamos en la vida están en nuestras propias limitaciones y a través de ellas, encontramos nuestro camino. Como enseñó Susuki Roshi en *Mente Zen, mente de principiante:*

> En tus propias imperfecciones encontrarás la base firme
> para la mente que busca el camino.

Con esa aceptación viene una comprensión de la dignidad del significado de ser un ser humano. Esa comprensión se expresa en una igualmente profunda apreciación de la vida misma. Leo Strauss, uno de los principales filósofos del siglo XX, escribe:

Al tomar conciencia de la dignidad de la mente, nos damos cuenta de la verdadera base de la dignidad del hombre y con eso, de la bondad del mundo; tanto si entendemos el mundo como algo creado o no, es el hogar del hombre porque es el hogar de la mente humana.

El camino del bodhisattva es un camino de claridad interna, una claridad que se expresa en compasión y que nos permite llevar todas nuestras habilidades y capacidades a los desafíos que la vida presenta. Cuando tenemos la capacidad de experimentar cualquier cosa que la vida nos traiga, ya no nos vemos sumidos en la confusión de nuestras propias reacciones. Si podemos experimentar las alegrías, aflicciones y dolor en la vida sin ser arrastrados por ellos y sin suprimirlos, entonces somos libres, o tan libres como sea posible dentro de la condición humana.

¿Qué es la libertad? La mayoría de la gente piensa en la libertad como la libertad para actuar como deseen, o el estar libre de disgustos, obligaciones o responsabilidades. Estas son nociones infantiles de la libertad basadas en el deseo de controlar lo que experimentamos. La ilusión del control es, en sí, una indicación de falta de libertad. Mientras seamos seres humanos, nunca seremos libres para hacer lo que queramos. Ni estaremos libres del dolor o de las situaciones desagradables. La libertad del bodhisattva no es una «libertad para» ni una «libertad de». No trata de comprender la vida y ser capaz de controlarla. Es una libertad que viene cuando aceptamos que la vida es simplemente la vida. Solo entonces podemos verdaderamente responder al dolor y a las dificultades de otros.

En *Las treinta y siete prácticas*, Tokmé Zongpo, establece su propio camino, un camino que consiste en treinta y siete puntos a través de los cuales busca desarrollar las habilidades y capacidades para enfrentar los desafíos que la vida le presente sin luchar contra ellos. Intransigentes en su indiferencia a las nociones convencionales de éxito y fracaso, estos versos a menudo dejan al lector moderno con un sentimiento de ineptitud, incapaz de imaginar cómo alguien podría tomar ese enfoque en la vida. Tokmé Zongpo escribió esos versos para sí mismo como recordatorios para ir más allá de su propio sentido condicionado de lo posible. A pesar de su extraordinario ejemplo, probablemente él se sintió tan inepto como tú o como yo.

El texto sigue las formas clásicas. Tokmé Zongpo empieza con una invocación tradicional en sánscrito a Lokeshvara, la deidad o figura mítica que encarna el ideal de la compasión despierta en el budismo medieval de India. En los versos introductorios rinde homenaje a Lokeshvara y a sus propios maestros, y establece su intención para este poema. Las siguientes treinta y siete estrofas describen los puntos clave de la práctica de un bodhisattva. En la sección final sigue la fórmula tradicional: una reafirmación de la intención, una petición de tolerancia por cualquier error y su propia dedicación.

Hoy muchas personas practican meditación y buscan el budismo con la idea de que eso los convertirá en mejores personas, más eficaces en su trabajo o más exitosas en la vida. Tokmé Zongpo habría considerado ese enfoque utilitario incomprensible. La práctica espiritual que se describe aquí no trata de convertirte en una persona mejor. No trata de incrementar tus habilidades ni de que seas más eficaz en la vida. No trata de curar viejas heridas ni de tener éxito. Trata de encontrar una manera de hacer las paces con la vida y de ser libre para responder a los demás en la forma que sea apropiada.

Al madurar y profundizar en tu práctica, viejas heridas pueden salir a la superficie y sanar. Puede que seas más eficaz y más receptivo en tus interacciones con otros. Sin embargo, estos son efectos secundarios de la práctica espiritual. Cuando los tomas como el objetivo de la práctica, reduces la práctica a una forma de mejorarte a ti mismo. Centrarte en ti mismo te separa de la vida, y limita las oportunidades de encontrar un camino para abrazar el misterio perplejo y desconcertante de la condición humana.

Las instrucciones de Tokmé Zongpo aquí y el ejemplo de su propia vida pintan una imagen muy diferente. Al leer estos versos, podemos sentir cómo se habla a sí mismo igual que a los demás. Él no buscaba fama ni fortuna. Dejó la vida segura y respetada que tenía como abad y pasó la mayor parte de su vida practicando en retiro. A pesar de ser considerado como un ejemplo de compasión en la tradición tibetana del budismo, probablemente sintió que no había logrado su ideal y continuó profundizando su comprensión, silenciosa y humildemente.

Las primeras nueve estrofas presentan la disciplina y las prácticas que establecen la base para el crecimiento espiritual. Agradece esta oportunidad, aconseja él, y prepárate para hacer cambios significativos en tu vida, internamente si no externamente. No creas que tienes que cambiar tu forma de vida; más importante es cambiar cómo te relacionas con tu vida y cómo la vives. Para apoyar esos cambios, crea las condiciones en tu vida que te liberen del caos y la confusión.

> No te dejes perturbar y las reacciones emocionales gradualmente se desvanecerán;
> No te dejes atrapar por distracciones y la práctica espiritual crecerá naturalmente;
> Mantén la atención clara y vívida y la confianza en el camino surgirá.
> Apóyate en el silencio; esta es la práctica de un bodhisattva.

Elige a tus amigos y asociados con cuidado porque ellos te afectarán profundamente, para bien o para mal. No confíes en lo que otros consideren importante. Establece tus aspiraciones altas y haz tu mejor esfuerzo.

La siguiente sección, de las estrofas diez a la dieciocho, presenta la práctica de tomar y enviar, en la que Tokmé Zongpo se apoyó. En la meditación de tomar y enviar, imagina que tomas el sufrimiento de otros y que les envías toda tu buena fortuna a ellos:

> Así que intercambia completamente tu felicidad
> por el sufrimiento de los demás; esta es la práctica de un bodhisattva.

A primera vista, es una idea absurda, especialmente en esta época en la que estamos fuertemente condicionados a considerar nuestra propia felicidad, ya sea material, emocional o espiritual, como el propósito de la vida. Somos incapaces de tolerar las sensaciones emocionales —ira, vergüenza, celos, pena, miedo y muchas otras— que surgen cuando nuestra felicidad o bienestar se ven comprometidos. En la práctica de tomar y enviar, magnificamos por mucho la intensidad de estas sensaciones emocionales al imaginar que estamos tomando todas las dificultades de los otros y entregamos nuestra propia alegría y felicidad. En efecto, estamos frotando dos palos juntos. Un palo es nuestro hábito de centrarnos en nosotros mismos. El otro es centrarnos en los demás al tomar y enviar. Con el tiempo ambos palos prenden fuego y se queman y nos quedamos sin fundamento, claros y receptivos, libres de apego a cualquier centro.

Considera esta práctica a la luz de las tres preguntas planteadas por Hillel el Sabio:

Si no estoy para mí mismo, ¿quién estará?
Si estoy solo para mí mismo, ¿qué soy?
¿Si no es ahora, cuándo?

No podemos ignorar que estamos solos en esta vida. Ni podemos ignorar que una vida sin relaciones no es vida; al menos una vida humana. Tampoco podemos ignorar que nunca sabremos cuánto tiempo tenemos para cambiar nuestra relación con la vida. No es difícil imaginar que ni el tiempo ni la cultura hubieran impedido que este antiguo erudito judío y este monje tibetano medieval se entendieran.

Todos nosotros nos hemos encontrado en circunstancias que nos han perjudicado, en las que nos han tratado sin amabilidad o nos han infligido daño, con o sin justificación. En las estrofas doce a la dieciocho, Tokmé Zongpo presenta lo que aspira a ser en esas situaciones. Nos pone en contacto directo con la crudeza de sentimientos que surgen: violación, ira, desconfianza, vergüenza y miedo. Estos son sentimientos muy poderosos, y generalmente reaccionamos con ira, viendo a la persona que nos atacó como enemigo y buscando alguna forma de castigarle. En la estrofa doce, plantea la situación de alguien que roba todo lo que poseemos. Rara vez alguien roba todo lo que tenemos, pero ya sea que nos roben un pequeño artículo o una valiosa pertenencia, experimentamos el mismo sentimiento: violación, ira y desconfianza. En la estrofa catorce, él considera lo que sucede cuando alguien divulga falsos y desagradables rumores sobre nosotros, y vemos, con impotencia, nuestra reputación manchada y triturada, una posibilidad que, con las tecnologías modernas, puede pasarle a cualquiera en cualquier momento.

Tokmé Zongpo hace referencia a no buscar venganza ni castigo. Él toma un enfoque diferente. Una persona atenta contra nosotros porque él o ella tiene dolor. El consejo de Tokmé Zongpo es conectar con el dolor de la persona y responder desde ahí. Alguien te roba algo porque tiene necesidad, imagina darle incluso más. Alguien crea calumnias sobre ti porque está herido, celoso u ofendido, imagina alabarlo. Inicialmente, este enfoque no es intuitivo y tiene poco sentido para la mente racional. Sin embargo, cuando lo aplicas llegas a apreciar que todos tienen dolor a cierto nivel y ciegamente incrementar el dolor en el mundo no ayuda en nada; ni a tu enemigo, ni a los otros afectados, ni a ti.

Para aliviar el dolor en el mundo, tienes que responder de una manera diferente. No puedes confiar en lo que tus reacciones emocionales te están diciendo. Tienes que encontrar claridad y presencia en la situación misma, libre de proyecciones de pensamiento y sentimiento. Solo entonces sabrás qué hacer.

El objetivo de Tokmé Zongpo es liberarse de la tiranía de la reacción y estar despierto a lo que surge interna y externamente. El camino que describe no es un camino hacia el éxito como se entiende convencionalmente. Es un camino a la libertad para aquellos que están buscando una manera diferente de experimentar la vida misma.

En las estrofas diecinueve a la veinticuatro, Tokmé Zongpo se centra en las reacciones emocionales específicas y en la naturaleza de la experiencia. Habitualmente la vida se parece a un trampolín; uno salta de una reacción a otra. Cuando reprimes las reacciones, empujas esa energía hacia tu cuerpo. Con el tiempo el resultado es sufrimiento y enfermedad en tu cuerpo. Cuando le das expresión a tus reacciones, viertes esa energía hacia el mundo; otros experimentan tus reacciones emocionales y tú no. A través de la disciplina de la práctica dejas de saltar por todos lados y estás despierto a la experiencia de tus reacciones, sin reprimirlas ni expresarlas. Así vienen y van como ondas en el agua. Es un camino duro y el primer paso es dejar de darles rienda suelta a las reacciones emocionales. Aquí, Tokmé Zongpo habla de las tres reacciones más importantes: orgullo, ira y deseo.

Después él mira la naturaleza de la experiencia en sí. ¿Qué es la experiencia? Tú conoces parte de la respuesta, consiste en pensamientos, sentimientos y sensaciones. Cuando descansas profundamente, estos trocitos de vida aparecen y desaparecen como la niebla, como un espejismo o como un sueño en el espacio de eterna conciencia/experiencia. En la estrofa veintidós, Tokmé Zongpo comienza con ese entendimiento y continúa desde ahí.

> Cualquier cosa que surja en la experiencia es tu propia mente.
> La mente, en sí, está libre de limitaciones conceptuales.
> Comprende esto y no te entretengas
> Con obsesiones de sujeto y objeto; esta es la práctica de
> un bodhisattva.

Cuando permites que la niebla de la vida aparezca y desaparezca por sí misma, descubres una quietud interna, un espacio interno, que está siempre ahí. Cuando desarrollas la habilidad de descansar y mirar en esa quietud, ves que no hay absolutamente nada ahí. Esta revelación es a menudo un shock, y cuando lo experimentas, tu comprensión de quién y cómo eres cambia dramáticamente. Ves que no hay un «yo» como tal. El «yo» es en sí, una colección de pensamientos, sentimientos y sensaciones que vienen y van. ¿Eres una colección en constante reconfiguración? ¿Eres el espacio, la conciencia? ¿No eres nada? ¿Eres todo? Ante estas preguntas te quedas en silencio porque no hay respuestas.

Hasta este momento en tu vida has tomado tus pensamientos y explicaciones del mundo muy seriamente. Todo el mundo hace lo mismo. Sin embargo, estas explicaciones en sí son solo niebla que desaparece y vuelve a aparecer en diferentes formas y estructuras. Son altamente contingentes y dependientes del contexto. Cuando vives en esas explicaciones, no estás en tu vida real sino en cierta clase de confusión, y ahí empieza el problema. Puedes ver cuántas dificultades y dolor infliges a los demás y a ti mismo porque, en lugar de abrirte a la experiencia de la vida misma, estás cautivado y seducido por estas explicaciones de la vida. Como dice Tokmé Zongpo:

> Todas las formas del sufrimiento son como soñar que tu hijo ha muerto.
> Considerar la confusión como algo real es extenuante.

La siguiente sección, estrofas veinticinco a treinta, cubre las seis perfecciones, un conjunto de prácticas comunes a todas las tradiciones del budismo Mahayana. Tokmé Zongpo toma las seis prácticas como se presentan tradicionalmente: sé generoso, observa un comportamiento ético, cultiva la paciencia, pon tu energía en práctica, cultiva la atención estable, y desvela la sabiduría. Pero deja muy claro la profundidad de cada una de estas prácticas. Para la generosidad dice:

> Si aquellos, los que aspiran al despertar, tienen que dar incluso su cuerpo,
> ¿Qué necesidad hay de hablar de cosas que simplemente posees?

Aquí se refiere a la historia del Buda quien, en una vida pasada dio su cuerpo a una tigresa que estaba demasiado débil para amamantar a sus cachorros. Tales cuentos míticos a menudo se malinterpretan en el mundo de hoy donde la gente toma todo literalmente. No llegan a apreciar que estas historias comunican a través de la emoción, no solo las palabras. Cuando pensamos en el Buda acostado junto a la tigresa, cortando su brazo para dejar que su sangre gotee en la boca de la tigresa y después se deja comer, una parte de nosotros se horroriza. Pero otra parte se conmueve profundamente por el extraordinario gesto de generosidad, y algo en nosotros se abre.

Encontramos una imagen similar en la estrofa sobre el esfuerzo:

Oyentes y budas solitarios, que trabajan solo para su propio bienestar,
Practican como si sus cabezas estuvieran en llamas.
Para ayudar a todos los seres, pon tu energía en la práctica.

Otra vez la imagen nos toca emocionalmente. Cuando vemos los esfuerzos que hace la gente para cuidar de sus necesidades, materiales o espirituales, ¿qué vamos a pensar de nuestros propios esfuerzos cuando aparentemente pretendemos ayudar a todos los seres a estar libres del sufrimiento? El objetivo aquí no es avergonzarnos sino señalar la profundidad del condicionamiento que nos impide relacionarnos con el mundo con compasión y sabiduría.

La mayoría de las interpretaciones de las seis perfecciones toman la estabilidad meditativa (estrofa veintinueve) como el cultivo de la mente en descanso. Tokmé Zongpo toma un enfoque distinto; considerando la estabilidad meditativa como una combinación de descanso y observación, no solo descanso. Efectivamente, las reacciones emocionales se detienen cuando la mente descansa, pero vuelven inmediatamente cuando hay cualquier movimiento en la mente. Solo con la cualidad adicional del entendimiento profundo que es el conocimiento directo, en el momento, de que las reacciones emocionales son simplemente movimientos en la mente, podremos estar realmente libres de la tiranía de la reacción.

Las siguientes cinco estrofas, de la treinta y uno a la treinta y seis, cubren puntos generales pero importantes. En la estrofa treinta y uno, Tokmé Zongpo expone que no es suficiente seguir las formas solamente. El objetivo de la práctica es aclarar la confusión, abrirnos tan completamente a nuestra propia confusión que encontremos claridad en la confusión misma. En la estrofa treinta y cuatro, habla de la simple pero importante instrucción de hablar cuidadosamente. A la larga, hablar delicadamente es más eficaz que hablar con dureza. Esta instrucción aparece en varios sitios, desde las características de hablar correctamente en el camino óctuple hasta las cuatro formas en las que el bodhisattva se relaciona con la gente. Tokmé Zongpo se tomó esta instrucción muy a pecho; se dice que nunca levantó su voz con enojo, nunca reprendió a nadie, y trató a todas y cada una de las personas con respeto. La estrofa treinta y seis finaliza con un resumen de la práctica: atención, atención, atención.

En resumen, en cualquier cosa que hagas,
Cuestiona el estado de tu mente, momento a momento.

La última de las treinta y siete prácticas es sobre la práctica de la dedicación, de soltar cualquier beneficio que podamos obtener de nuestra práctica espiritual. La dedicación funciona en tres niveles. Combate el orgullo espiritual y la avidez, es un gesto de generosidad motivado por la compasión y nos recuerda que nada nos pertenece realmente. Una estrofa tradicional de dedicación expresa estos tres temas:

La bondad viene de haber hecho esta práctica ahora.
Que no la guarde solo para mí.
Que se extienda a todo lo que se conoce
y despierte el bien en todo el mundo.

Cuando mis propias dificultades me empujaron a tener una mayor apreciación del enfoque de Tokmé Zongpo de «soltar las expectativas y el miedo», empecé a poner más atención a lo que él tenía que decir. Mientras enseñaba su texto, llegué a apreciar por qué se le tiene tanta consideración al mismo. Sin embargo, solo cuando traduje cada estrofa y pensé acerca del correspondiente comentario pude apreciar su alcance a través del tiempo y el espacio para hablarnos el día de hoy. Por ejemplo, en la tercera estrofa habla sobre la solitud. En los tiempos de Tokmé Zongpo se podían encontrar lugares tranquilos para vivir y practicar la meditación. Esa solitud es mucho más difícil de encontrar hoy en día, no solo por el coste de la tierra y la vivienda, sino porque también la tecnología hace accesible la comunicación y el entretenimiento virtual en todos lados. En el mundo actual, la práctica de la solitud se convierte en la práctica del silencio, estar tranquilo y solo y desconectado del mundo que está siempre en comunicación. Y sí, cuando practicas silencio, encuentras tu camino.

En este libro encontrarás una forma de practicar, una manera que permite comprender la sabiduría y la experiencia de este camino, un camino en el que no hay desvíos ni confusión por las diferencias culturales o de lenguaje, y una forma de llevarla a tu vida. Es una buena forma de empezar el estudio y práctica de las tradiciones budistas del Tíbet, ya que es un simple y elegante resumen del budismo Mahayana en esta tradición. Con el tiempo encontrarás, igual que yo, que cada estrofa apunta a profundidades ocultas, en términos de cómo interactuar con el mundo y de cómo ser claro en tu vida.

LOS VERSOS

Treinta y siete prácticas de un bodhisattva
por Tokmé Zongpo

Namo Lokeshvara

HOMENAJE

Ustedes que ven que la experiencia no va ni viene,
Y aún así dedican su energía únicamente a ayudar a los seres,
A mis excelentes maestros y al Señor que todo lo ve,
Humildemente honraré con mi cuerpo, mi palabra y mi mente.

INTENCIÓN

El completo despertar, buda, la fuente de alegría y bienestar,
Surge al volverse experto en el noble camino.
Ya que el dominio viene de saber cómo practicar,
Ahora explicaré la práctica de todos los bodhisattvas.

1

Ahora tienes una buena embarcación a tu disposición,
    completamente equipada y difícil de conseguir.
Para liberarte a ti y a los demás del mar de samsara,
Constantemente, día y noche,
Estudia, reflexiona y medita; esta es la práctica de
    un bodhisattva.

2

El apego hacia aquellos cercanos a ti te atrapa en sus corrientes;
La aversión hacia aquellos que se oponen a ti te quema
    por dentro;

La indiferencia que ignora lo que se necesita hacer es un
   agujero negro.
Abandona tu tierra natal; esta es la práctica de un bodhisattva.

3

No te dejes perturbar y las reacciones emocionales gradualmente
   se desvanecerán.
No te dejes atrapar por distracciones y la práctica espiritual
   crecerá naturalmente;
Mantén la atención clara y vívida y la confianza en el camino
   surgirá.
Apóyate en el silencio; esta es la práctica de un bodhisattva.

4

Te separarás de los viejos amigos y familiares.
Quedará atrás la riqueza que has construido.
El invitado, tu conciencia, se moverá de la posada de tu cuerpo.
Olvídate de los intereses de esta vida; esta es la práctica de
   un bodhisattva.

5

Con algunos amigos los tres venenos siguen creciendo,
El estudio, la reflexión y la meditación se debilitan
Mientras que el amor bondadoso y la compasión se extinguen.
Abandona a los malos amigos; esta es la práctica de
   un bodhisattva.

6

Con algunos maestros, tus defectos se desvanecen y
Las habilidades aumentan como la luna creciente.
Aprecia a esos maestros queridos,
Más que a tu propio cuerpo; esta es la práctica de un bodhisattva.

7
Encerrados en la prisión de sus propios patrones
Los dioses ordinarios no pueden proteger a nadie.
¿Adónde irás entonces a buscar refugio?
Busca refugio en lo que es confiable: las Tres Joyas; esta es la
 práctica de un bodhisattva.

8
El sufrimiento en los reinos inferiores es extremadamente difícil
 de soportar.
El Sabio dice que es el resultado de acciones destructivas.
Por esa razón, incluso a costa de tu propia vida,
No te impliques en acciones destructivas; esta es la práctica de
 un bodhisattva.

9
La felicidad de los tres mundos desaparece en un instante,
Como una gota de rocío sobre la hierba.
El nivel más alto de libertad es algo que nunca cambia.
Aspira a esto; esta es la práctica de un bodhisattva.

10
Cada ser ha cuidado de ti como una madre.
Si todos ellos sufren eternamente, ¿cómo puedes ser feliz?
Para liberar a todos los seres sin límite,
Genera el despertar de la mente; esta es la práctica de
 un bodhisattva.

11
Todo el sufrimiento viene de desear tu propia felicidad.
El completo despertar surge de la intención de ayudar a otros.
Así que, intercambia completamente tu felicidad
Por el sufrimiento de los demás; esta es la práctica de
 un bodhisattva.

12

Aunque alguien, dominado por un deseo desesperado,
Robara o hiciera que alguien más robara todo lo que posees,
Dedícale tu cuerpo, tus bienes y
Todo lo bueno que has hecho o harás; esta es la práctica de
    un bodhisattva.

13

Si alguien tratara de cortarte la cabeza
Aunque no hubieras cometido ni la más mínima falta,
Animado por la compasión,
Toma para ti mismo todo su veneno; esta es la práctica de
    un bodhisattva.

14

Si alguien divulga por todo el universo
Calumnias y horribles rumores sobre ti,
Con el corazón abierto y afectuoso,
Alaba sus habilidades una y otra vez; esta es la práctica de
    un bodhisattva.

15

Si alguien te humilla y te denuncia
Frente a una multitud de gente,
Piensa en esa persona como tu maestro
Y humildemente hónralo; esta es la práctica de un bodhisattva.

16

Si alguien a quien has cuidado como a tu propio hijo
Te trata como si fueras su peor enemigo,
Ofrécele tu amorosa atención
Como una madre cuida de su hijo enfermo; esta es la práctica de
    un bodhisattva.

17
Aunque tus compañeros y subordinados
Te desacrediten para verse mejor,
Trátalos con respeto como tratarías a tu maestro:
Ponlos por encima de ti; esta es la práctica de un bodhisattva.

18
Aunque te sientas triste, desconectado y despreciado,
Desesperadamente enfermo o emocionalmente enloquecido,
No te desanimes.
Toma para ti el sufrimiento y la negatividad de todos los seres;
esta es la práctica de un bodhisattva.

19
Aunque seas famoso, alabado por todos
Y tan rico como el dios de la riqueza,
Ten presente que el éxito en el mundo es efímero
Y no dejes que se te suba a la cabeza; esta es la práctica de
un bodhisattva.

20
Si no sometes al enemigo interno —tu propio enojo—
Entre más enemigos externos sometas, más vendrán.
Reúne las fuerzas del amor bondadoso y la compasión,
Y domina tu propia mente; esta es la práctica de un bodhisattva.

21
Los placeres sensuales son como agua salada:
Cuanto más la bebes, más aumenta la sed.
Cualquier objeto al que te apegues,
De inmediato, déjalo ir; esta es la práctica de un bodhisattva.

22

Cualquier cosa que surja en la experiencia es tu propia mente.
La mente, en sí, está libre de limitaciones conceptuales.
Comprende esto y no te entretengas
Con obsesiones de sujeto y objeto; esta es la práctica de
 un bodhisattva.

23

Cuando encuentres algo que disfrutes,
Aunque sea una experiencia bella como un arco iris de verano,
No lo tomes como real.
Abandona el apego; esta es la práctica de un bodhisattva.

24

Todas las formas de sufrimiento son como soñar que tu hijo
 ha muerto.
Considerar la confusión como algo real es extenuante.
Cuando te encuentres con la desgracia,
Considérala como confusión; esta es la práctica de
 un bodhisattva.

25

Si aquellos, los que aspiran al despertar, tienen que dar incluso
 su cuerpo,
¿Qué necesidad hay de hablar de cosas que simplemente posees?
Sé generoso sin esperar
Respuesta ni resultado; esta es la práctica de un bodhisattva.

26

Si no puedes cuidarte a ti mismo porque no tienes disciplina
 ética,
Tu intención de cuidar a otros es simplemente un cuento.
Guarda una disciplina ética sin preocuparte
Por la vida convencional; esta es la práctica de un bodhisattva.

27
Para los bodhisattvas que desean la riqueza de la virtud
Una persona que los hiere es un precioso tesoro.
Cultiva la paciencia hacia todos,
Sin irritación ni resentimiento; esta es la práctica de
    un bodhisattva.

28
Oyentes y budas solitarios que trabajan solo para su propio
    bienestar,
Practican como si sus cabezas estuvieran en llamas.
Para ayudar a todos los seres, pon tu energía en la práctica:
La fuente de todas las habilidades; esta es la práctica de
    un bodhisattva.

29
Al comprender que las reacciones emocionales se desmantelan
Con el darse cuenta basado en la quietud,
Cultiva la estabilidad meditativa que trasciende
Los cuatro estados sin forma; esta es la práctica de
    un bodhisattva.

30
Sin sabiduría, las cinco perfecciones
No son suficientes para alcanzar el despertar completo.
Cultiva la sabiduría y la destreza
Libre de los tres dominios; esta es la práctica de un bodhisattva.

31
Si no examinas tu propia confusión,
Quizás solo seas un materialista con ropa de practicante.
Constantemente examina tu propia confusión
Y ponle fin; esta es la práctica de un bodhisattva.

32
Te denigras a ti mismo cuando reaccionas emocionalmente y
Te quejas de las imperfecciones de otros bodhisattvas.
De las imperfecciones de otros que han entrado en el Gran Camino,
No digas nada; esta es la práctica de un bodhisattva.

33
Discutir con otros sobre estatus y recompensas,
Debilita el aprendizaje, la reflexión y la meditación.
Abandona el apego al círculo familiar
O al círculo de aquellos que te apoyan; esta es la práctica de un bodhisattva.

34
El lenguaje ofensivo perturba a otros
Y daña la ética del bodhisattva.
No perturbes a la gente ni
Les hables ofensivamente; esta es la práctica de un bodhisattva.

35
Una vez que las reacciones emocionales se han vuelto un hábito, es difícil hacer que los remedios funcionen.
Una persona atenta y consciente usa los remedios como armas
Para aplastar el deseo y otras reacciones emocionales
Tan pronto como surjan; esta es la práctica de un bodhisattva.

36
En resumen, en cualquier cosa que hagas,
Cuestiona el estado de tu mente, momento a momento.
Estando constantemente presente y consciente
Haces que se dé lo que otros necesitan; esta es la práctica de un bodhisattva.

37

Para disipar el sufrimiento de todos los seres sin límite,
Con sabiduría libre de los tres dominios
Dedica toda la bondad generada por estos esfuerzos
Hacia el despertar; esta es la práctica de un bodhisattva.

FUENTE

Siguiendo la enseñanza de los santos
De acuerdo con los sutras, tantras y comentarios,
Presento estas treinta y siete prácticas de un bodhisattva
Para aquellos que tienen la intención de entrenarse en
 este camino.

AUTORIDAD

Debido a que tengo una inteligencia limitada y poca educación,
Estos versos no son la clase de poesía que agrada al erudito.
Sin embargo, ya que están basados en las enseñanzas de los
 sutras y los venerados,
Confío en que *Las prácticas de un bodhisattva*, es un poema sensato.

DEFECTOS

Sin embargo, ya que es difícil que alguien como yo, con limitada
 inteligencia,
Comprenda la profundidad de las grandes olas de la actividad de
 los bodhisattvas,
Pido a los venerados que toleren cualquier error que haya
 cometido,
Contradicciones, incongruencias y cosas parecidas.

DEDICACIÓN

Por la bondad derivada de este trabajo, que todos los seres
Al despertar, tanto a lo que parece ser como a lo que es verdad,
No descansen en ninguna posición limitante: existencia o paz,
Sino que lleguen a ser iguales a Gran Compasión.

Tokmé el monje, un maestro de la escritura y la lógica, compuso este texto en una cueva cerca del pueblo de Ngülchu Rinchen para su propio beneficio y el beneficio de los demás.

INVOCACIÓN

Namo Lokeshvaraya

¿QUÉ TE INSPIRA A PRACTICAR?

De acuerdo con la tradición tibetana, Tokmé Zongpo comienza con un homenaje en sánscrito.

En este caso el homenaje es para Lokeshvara, el Señor del Mundo, una figura mítica, la encarnación de la compasión despierta en el budismo indio medieval. Imagina que tú eres Lokeshvara. Por dentro, estás tan silencioso como un estanque en el centro de un bosque profundo, un estanque que, protegido por los árboles alrededor, no se ha agitado ni siquiera por la más leve brisa durante miles de años. Siente esa quietud dentro de ti.

Debido a esa quietud, escuchas todo. Escuchas el llanto de un bebé al llegar al mundo. Escuchas el grito de incredulidad y desesperación de una mujer cuando su novio la deja. Escuchas los sollozos de dolor de una mujer afectada por cáncer de mama. Escuchas el suspiro de un hombre cuando se da cuenta por primera vez que su cuerpo pierde vitalidad. Y escuchas el aliento áspero de aquellos cuyo tiempo en el mundo ha llegado a su fin. Escuchas los sufrimientos y luchas de aquellos abatidos por la desgracia, la mala suerte o sus propios errores. Escuchas el llanto de los oprimidos, explotados y maltratados. Escuchas el dolor en las voces de los que oprimen, explotan y maltratan a otros. Escuchas el sufrimiento del mundo.

¿Qué haces?

En la quietud, tu corazón se rompe y vierte un río de compasión. Te acercas y tocas el dolor de todas y cada una de las personas. Sea cual sea el vínculo que te une a ellas, encuentras una manera de aliviar su dolor. En ese alivio, cada persona experimenta un momento de abierta quietud, un silencio que nunca antes había experimentado, y ese momento lo cambia todo.

Es por eso que lo llaman Señor del Mundo.

HOMENAJE

Ustedes que ven que la experiencia no va ni viene,
Y aún así dedican su energía únicamente a ayudar a los seres,
A mis excelentes maestros y al Señor que todo lo ve,
Humildemente honraré con mi cuerpo, mi palabra y mi mente.

IMAGINA QUE ESTÁS VIENDO UN ÁRBOL. ES UN DÍA DE viento. Sientes cómo sopla el viento en tus mejillas. Escuchas el crujido de las hojas. Incluso las ramas más grandes se balancean con el viento. Ves las ramas balancearse, escuchas el viento en las hojas, pero no hay movimiento; ni dentro, ni fuera, ni en ningún sitio.

Ahora imagina que puedes experimentar tus pensamientos y sentimientos de la misma manera. Ellos vienen y van, pero para ti, no hay movimiento ninguno en absoluto. No importa lo que surja —amor, enojo, necesidad, orgullo, pena, gozo— lo experimentas, lo experimentas todo; sin embargo, nada te perturba, ningún movimiento en absoluto; ningún ir ni venir. Es posible experimentar la vida de esta manera. Cuando lo haces, experimentas una libertad que no puede definirse con palabras.

Si tuvieras esta experiencia, ¿qué diferencia haría para ti? ¿Cómo cambiaría la manera en que ves a otros, particularmente cuando los ves atrapados en creencias, desbordados por emociones y ardiendo en obsesiones? ¿No desearías extender tu mano y aliviar su dolor, incluso cuando sabes que hay poca o ninguna ayuda real que puedas ofrecer?

Esta es la esencia de la compasión. Surge en esa profunda e indescriptible quietud y se extiende para aliviar el dolor del mundo. Es lo que Lokeshvara representa, también conocido como Avalokiteshvara, el señor que todo lo ve. Es lo que motiva a tus maestros; lo que los lleva a renunciar a vidas más convencionales y a dar su vida y energía a ayudar a otros a encontrar y seguir el camino a la libertad.

La práctica espiritual a menudo comienza con admiración, el sentimiento de estar íntimamente conectado a algo que es infinitamente mayor que uno. Al leer estas páginas, toma un momento para sentir la compasión que Lokeshvara representa. Después percibe la profunda admiración que sientes cuando lo haces. Quizás te sientas inspirado a inclinar la cabeza y hacer una reverencia, o a ofrecer algo con el pensamiento, palabra o acción. Cualquier práctica que hagas, comienza con esta profunda admiración; admiración que te deja con la boca abierta, que te hace llorar, que calla el pensamiento y que aquieta el corazón; admiración hacia la extraordinaria compasión, la compasión que viven tus maestros y el potencial de compasión que hay en ti.

INTENCIÓN
───────────

El completo despertar, buda, la fuente de alegría y bienestar,
Surge al volverse experto en el noble camino.
Ya que el dominio viene de saber cómo practicar,
Ahora explicaré la práctica de todos los bodhisattvas.

ALGUNAS PERSONAS APRENDEN ESTUDIANDO, OTRAS aprenden escuchando. Algunas personas aprenden sistemáticamente. Otros aprenden jugando.

¿Te has preguntado cuál es tu forma de aprender o simplemente aceptas los formatos de enseñanza que se te presenten?

Por ejemplo, escuchar charlas no funciona para mí, lo que resulta un poco irónico porque yo he dado varias charlas. Aun así, yo planteo el formato de preguntas y respuestas siempre que es posible; eso es lo que funciona para mí; como estudiante y maestro. Yo aprendo cuando puedo hacer preguntas y enseño mejor cuando respondo a preguntas.

Pero ese no es el caso de todos. Algunas personas aprenden mejor escuchando; toman lo que el orador o el maestro dice; lo absorben. A mí me parece asombroso, pero a ellos parece que les va muy bien de esa manera.

A otros les gusta tontear con las cosas; jugar con ellas. Puede que no sea sistemático, pero es así como muchos piratas informáticos y aficionados a la computación y genios de la tecnología empezaron, por no mencionar algunos científicos, músicos, artistas y escritores.

Un maestro de la espada enseñó a su estudiante dándole un palo largo de madera y diciéndole que lo llevara consigo todo el tiempo, incluso cuando estuviera haciendo los quehaceres, durmiendo o en el baño. El maestro entonces atacaba al estudiante inesperadamente una y otra vez. El estudiante tenía que evitar los golpes y defenderse lo mejor que pudiera. Aunque nunca aprendió ninguna teoría, postura, ataque ni estrategia, el estudiante se convirtió en un excelente espadachín.

En sociedades tradicionales, gran parte del aprendizaje se obtenía observando. Cuando se estudiaba con un maestro chef de sushi, uno limpiaba cuchillos mientras él trabajaba. Pero uno observaba; ponía atención. Después de tres o cinco años, finalmente se le permitía coger un cuchillo. Entonces, podía cortar correctamente de inmediato porque su cuerpo había absorbido la manera de sostener y mover el cuchillo. Los maestros de arte del renacimiento utilizaban el mismo método; con pinceles en lugar de cuchillos. Este método rara vez se usa en estos días. La gente dice que no tiene tiempo, pero el aprendizaje obtenido de esta manera es profundo y duradero.

A otras personas les va mejor siguiendo un curso de estudio, aprendiendo un tema, asimilándolo, luego aprendiendo el siguiente; una progresión secuencial que resulta en el dominio del plan de estudio. Esto, por supuesto, es como la educación moderna funciona. Esta clase de sistema se desarrolla cuando tienes un proceso bien definido orientado a un resultado específico.

En Tíbet, el entrenamiento monástico tradicional usaba exactamente este enfoque. El sistema de educación y entrenamiento para los monjes se presentaba empezando con el aprendizaje de la fonética del alfabeto, después se aprendía a deletrear palabras, luego a pronunciarlas, después se aprendía su significado, luego se participaba en debates para aprender cómo pensar, etc. Probablemente así se le enseñó a Tokmé Zongpo, pero sus habilidades naturales lo colocaron por delante del juego.

El mismo enfoque metodológico se aplicaba al entrenamiento espiritual. El género *lam-rim* en el budismo tibetano, en el que se basan *Las treinta y siete prácticas*, presenta el material canónico del budismo tibetano en una secuencia bien definida. Comenzando con la motivación, se enseña paso a paso a relacionarse con el maestro, la solitud, la moralidad y el refugio. Después vienen los cuatro inconmensurables y el despertar de la mente; después uno es guiado a través de las seis perfecciones y concluye con las etapas en el camino del bodhisattva, el estado de buda y la actividad del buda.

Es minucioso. Es completo. Es sólido. ¿Pero es así como tú aprendes? ¿Es así como tú aprendes a practicar?

Una sugerencia: busca un maestro, alguien con quien realmente puedas aprender, alguien cuyo estilo de enseñanza concuerde con tu estilo de aprendizaje.

ESTROFA I

Ahora tienes una buena embarcación a tu disposición, completamente equipada y difícil de conseguir.
Para liberarte a ti y a los demás del mar de samsara, Constantemente, día y noche,
Estudia, reflexiona y medita; esta es la práctica de un bodhisattva.

ESTÁS PARADO SOBRE UN MUELLE DE MADERA. ES viejo y se está cayendo. Frente de ti, la extensión abierta del océano llega hasta el horizonte. A tus pies hay un barco, bien aprovisionado y totalmente equipado. Sabes que es así porque tú te encargaste de prepararlo.

Es el único barco en el muelle. Los otros amarres están vacíos, olvidados.

No estás seguro exactamente de cómo llegaste hasta aquí, pero sí sabes que no puedes darle la espalda al océano. Sin embargo, dudas en subirte al barco.

¿Qué te detiene?

Desde el pueblo detrás de ti, escuchas el zumbido constante de actividad: coches, autobuses, gente vendiendo sus mercancías en el mercado, el débil lamento de una ambulancia, el coche de policía o el coche de bomberos corriendo a su próxima emergencia. Sabes que tus amigos, colegas y familiares están todos ocupados: manteniendo a sus familias, avanzando en sus vidas, haciendo su marca en el mundo.

Estás aquí viendo el océano, el barco balanceándose suavemente a tus pies mientras las olas golpean contra el muelle.

El mundo detrás de ti parece simultáneamente lleno y vacío. Hay muchos placeres y recompensas. Los has probado. Pero no puedes escapar a una sensación de inutilidad y de constante insistencia que pregunta, «¿Esto es todo lo que hay?» Algunas veces tus amigos experimentan el mismo sentimiento, pero se alejan rápidamente; es un espacio en la red de la vida que nunca exploran.

    Tú no puedes alejarte. Te preguntas cómo ellos pueden hacerlo. Y te preguntas si habría algo que pudieras hacer para que no se alejaran. Te lo preguntas porque estás bastante seguro de que te estás perdiendo algo, y por eso has preparado el barco. Y piensas que quizás ellos se pierdan de algo también. Pero no sabes qué.

    ¿Qué te falta para subirte al barco?

ESTROFA 2

El apego hacia aquellos cercanos a ti te atrapa en sus corrientes;
La aversión hacia aquellos que se oponen a ti te quema por dentro;
La indiferencia que ignora lo que se necesita hacer es un agujero negro.
Abandona tu tierra natal; esta es la práctica de un bodhisattva.

¿DE VERDAD TIENES QUE IRTE A OTRO PAÍS PARA poder practicar?

Quizás ya hayas ido a un retiro o a un programa de meditación en el otro lado del mundo, pero probablemente compraste un billete de ida y vuelta.

Llegas lleno de entusiasmo, desempacas, pones tu cojín de meditación y despliegas tu esterilla de yoga. Después de unos días descubres que algunos artículos no deseados han venido contigo, artículos que no recuerdas haber empacado.

Durante los descansos coqueteas con la persona que se sienta frente a ti. La persona que se sienta en el cojín junto a ti te resulta insoportable. ¿Por qué tuvo que sentarse justo ahí? ¿Por qué tiene que usar esos colores tan brillantes? A otros, simplemente los ignoras porque no los necesitas y esperas que ellos sientan lo mismo hacia ti. La comida, el alojamiento e incluso el paisaje te gusta o te disgusta, o no logra conmoverte de una u otra manera.

Atracción, aversión e indiferencia; los tres venenos. Has viajado miles de kilómetros para liberarte de ellos, y ahora están aquí como si nunca hubieras salido de casa.

Estos patrones básicos envenenan tu vida. No puedes solamente disfrutar algo; tienes que tenerlo. No puedes simplemente encontrarte con un desafío; tienes que resistirte. No puedes solo relajarte; tienes que desconectarte.

Estos venenos te sacan de la experiencia presente y te remontan al pasado, un limbo eterno en el que buscas el amor que siempre quisiste y luchas contra los fantasmas de aquellos que se cruzaron en tu camino. Cuando nada te conmueve, la indiferencia crea una distancia entre tú y el mundo alrededor de ti. No es tan fácil dejar la tierra natal.

Hay otras posibilidades.

Uno. Trae la atención al tono afectivo que acompaña la experiencia sensorial: agradable, desagradable o neutro. Siente como las tres reacciones —atracción, aversión e indiferencia— se mueven en ti. Son rápidas. Son insistentes. Son engañosas. Al seguir haciendo esto, tu relación con esos tres venenos cambia gradualmente.

Dos. Cuando sientas que la atracción comienza a surgir, respírala y toma esa misma atracción, primero de todos los que conoces, después la de todo el mundo. ¿Tienes algo que perder? La atracción ya se puso en marcha en ti. Ya estás enredado; podrías tomar el veneno de otros y liberarlos. Haz lo mismo con la aversión. Igual con la indiferencia.

Tres. Cuando veas a alguien o algo que te guste, ábrete a la experiencia por completo, a la persona, o al objeto y a la atracción que surge en ti. Con la atracción eres consciente de cada detalle de la persona o del objeto. Descansa ahí. Con la aversión, tu mente se vuelve muy clara. Descansa ahí. Con la indiferencia, eres consciente de todo. Descansa ahí.

Cuando puedas experimentar los tres venenos y no reaccionar, has dejado tu tierra natal.

¿Buen viaje? Probablemente no.

ESTROFA 3

No te dejes perturbar y las reacciones emocionales
gradualmente se desvanecerán.
No te dejes atrapar por distracciones y la práctica espiritual
crecerá naturalmente;
Mantén la atención clara y vívida y la confianza en el camino
surgirá.
Apóyate en el silencio; esta es la práctica de un bodhisattva.

¿A CUÁNTOS MUNDOS VAS CADA DÍA? CADA PERTURBAción, cada reacción emocional, proyecta un mundo diferente. Como una pulga en una estufa caliente, saltas de un mundo a otro. Sin importar el *jet lag*, eres una persona diferente en cada mundo. Alicia lo tuvo más fácil en el País de las Maravillas.

¿Cómo encuentras tu camino?
En silencio.

¿Cómo practicas el silencio?
Escuchando.

Ajusta tu vida para reducir elecciones y decisiones innecesarias. Abstente de tomar muchos proyectos a la vez. Cuando estás involucrado en muchas actividades diferentes, las demandas de unas crean problemas para las otras. En otras palabras, crea las condiciones para que no tengas que estar reaccionando a un flujo constante de molestias.

Cuando practiques, descansa en la experiencia de los pensamientos, sensaciones y sentimientos, usando la respiración o la conciencia misma como un lugar para descansar. Cada vez que te dejes llevar, regresa y descansa. Durante las sesiones de práctica considera los pensamientos, sensaciones y sentimientos como hojas girando en el viento mientras caminas bajo un cielo claro y azul en un día de otoño. Cuando no te enganchas, te vuelves consciente de un silencio; un silencio que está siempre ahí, incluso en los momentos más oscuros, un silencio que lo incluye todo y que no puede comprenderse, un silencio que permite escuchar tu corazón, tu cuerpo y tu mente de una forma que no sabías que era posible.

En ese silencio la conciencia es clara y vívida. Simplemente sabes, y una confianza tranquila nace.

¿Cómo encuentras tu camino? En silencio.

ESTROFA 4

Te separarás de los viejos amigos y familiares.
Quedará atrás la riqueza que has construido.
El invitado, tu conciencia, se irá de la posada de tu cuerpo.
Olvídate de los intereses de esta vida; esta es la práctica de
un bodhisattva.

CONSIDERA POR UN MOMENTO QUE PODRÍAS MORIR en cualquier instante —en un minuto, hoy, mañana— o después de meses o años en el futuro. ¿Tu cuerpo se relaja o se tensa, o sucede otra cosa? ¿Qué sentimientos surgen: miedo o alivio, rabia o anhelo, culpa, resignación o ecuanimidad?

Incluso un poco de reflexión sobre estas cosas trae fuertes reacciones. Tu cuerpo hace todo lo que puede para mantenerse vivo. Cuando tu vida se ve amenazada, reaccionas —fuertemente—; miedo y pánico se apoderan de ti. Luchar, huir o paralizarse; las tácticas básicas de supervivencia toman el control. Incluso cuando te enfrentas a otros tipos de muerte —el final de una relación o la pérdida de tu trabajo— funcionan los mismos mecanismos. Estás condicionado para vivir, biológica y psicológicamente.

Sabes que te vas a morir pero no lo crees. Ignoras el hecho de que la muerte es inevitable. Enfocas tu tiempo y energía en asuntos convencionales —felicidad, ganancias, respeto y reputación— porque esto es lo que aporta significado a la vida de la mayoría de las personas.

Sin embargo, si estás leyendo este libro, estás buscando algo más allá de lo convencional. Como Robinson Jeffers escribió:

...solamente
las personas atormentadas quieren la verdad.

El hombre es como otros animales, desea comida y éxito y mujeres,
no la verdad. Solo la mente
torturada por alguna tensión interior pierde la esperanza de la felicidad:
entonces odia su vida-jaula y busca más allá…

Si quieres un trozo de verdad, entonces empieza con Los Cuatro Finales:

El final de la acumulación es la dispersión.
El final de la construcción es la destrucción.
El final de la reunión es la despedida.
El final de la vida es la muerte.

Nada es permanente. Todo está cambiando constantemente.
Todo está en el proceso de convertirse en algo que todavía no es, incluyéndote a ti. Algunos cambios suceden rápido, a la velocidad de la luz. Otros tienen lugar en vastas extensiones de tiempo que son casi imperceptibles. Todo en el mundo, todo lo que experimentes, crece y evoluciona, a veces de manera previsible, pero inevitable al mismo tiempo. Sin embargo, los sucesos fortuitos, lo impredecible, pueden enriquecer, disminuir, destruir o transformar tu vida en un instante.

La mayoría de la gente no reconoce en qué medida su vida es pura suerte, buena o mala. Se atribuyen el mérito cuando están en el lugar correcto a la hora correcta, cuando conocen a la persona correcta o cuando dicen las palabras correctas. Tienden a culpar a algo o a alguien cuando se encuentran en el lugar equivocado a la hora equivocada, o cuando conocen a la persona equivocada o dicen las palabras equivocadas.

Otro trozo de verdad: el curso de tu vida puede cambiar en un santiamén, aunque lo hagas todo bien o todo mal.

En vista de esto, ¿cómo vives esta experiencia que llamamos vida?

Suelta los intereses de esta vida. Renuncia a todo. No bases tu vida en lo que puede ser arrebatado: riqueza, posesiones, salud, familia, amigos, fama, respeto, incluso tu propia vida. Si tienes la buena fortuna de tener familia, amigos, riqueza o respeto, saboréalos, sabiendo que a todo le llegará su fin, tarde o temprano; pero no bases tu vida en aferrarte a ello.

En lugar de eso, haz lo que la vida requiere en cada momento, y hazlo sin ninguna idea de ganancia, ningún pensamiento de que alguna vez verás o disfrutarás los resultados de tus acciones. Hazlo porque la vida lo requiere; nada más.

Irónicamente, es difícil imaginar una forma más satisfactoria de vivir.

¿Qué le sucede al invitado? Nadie lo sabe. Es un misterio.

ESTROFA 5

Con algunos amigos, los tres venenos siguen creciendo,
El estudio, la reflexión y la meditación se debilitan
Mientras que el amor bondadoso y la compasión se
  extinguen.
Abandona a los malos amigos; esta es la práctica de
  un bodhisattva.

LO SIMILAR ATRAE LO SIMILAR. EL ENOJO REFUERZA el enojo. La avidez engendra avidez. La indiferencia crea indiferencia.

Tu círculo de amigos y asociados refleja tus valores, tus conductas y tu forma de experimentar la vida.

También conoces el poder de la presión del grupo, el poder de la dominación y el poder de la inclusión y la exclusión. Lo experimentaste en la escuela, lo experimentas en el trabajo y te lo encuentras en cada contexto social.

Sucede lo mismo también internamente. ¿Qué historias sobre ti o sobre tu vida te repites a ti mismo una y otra vez? ¿Qué conductas alimentas, complaces o ignoras?

Deseas cambiar la forma en la que experimentas tu vida, pero quizás no desees que ninguna otra cosa cambie. ¿Es eso posible? Tarde o temprano tienes que enfrentar esto directamente.

Mira a tu alrededor. Mira a tus amigos y asociados. Pregúntate a ti mismo, «¿Es así como deseo comportarme? ¿Es así como quiero vivir? ¿Es así como quiero ser?»

Mira en tu interior, también, y pregúntate, «¿Es así como quiero pensar y sentir?»

Si la respuesta es no, entonces empieza.

Empieza con lo que hay dentro de ti. Cuando te encuentres repitiendo el mismo comportamiento una y otra vez, dale un nombre. Aprende a reconocer el comportamiento y llámalo por su nombre. Cuando le pones nombre a algo, pierde poder. Solo pregúntale a Rumpelstiltskin.

Poco a poco vas cambiando. Ya no disfrutas el cotorreo como antes. Te parece molesto, cruel y sin sentido. Las viejas obsesiones, los viejos intereses, los temas habituales de conversación te interesan cada vez menos. Te sientes como un actor, haciendo un papel para ser aceptado por los demás. No estás seguro cuánto tiempo más podrás mantenerlo.

En algún momento, dejas de intentarlo. Dejas que todo se caiga.

Hay una pérdida, definitivamente, y con la pérdida hay un duelo, el dolor de la separación de los patrones y de la gente. Sin embargo, te sientes más ligero, más lúcido, como si te hubieras quitado un abrigo o una máscara que habías estado llevando sin razón aparente.

Una advertencia. A medida que estos cambios se desarrollan, puedes ver tu nueva dirección como algo mejor, superior, a tus antiguas maneras. Eso es natural, pero es fácil caer en otro viejo hábito: criticar y menospreciar a tus amigos y las formas de vida que estás dejando atrás.

Si te das cuenta de que te vuelves crítico y sentencioso, renuncia a ello. Estarás cayendo en los viejos patrones; exactamente los mismo que querías dejar atrás.

ESTROFA 6

Con algunos maestros, tus defectos se desvanecen y
Las habilidades aumentan como la luna creciente.
Aprecia a esos maestros queridos,
Más queridos que a tu propio cuerpo; esta es la práctica de
un bodhisattva.

PARA MUCHOS, UNO DE LOS MÁS GRANDES DESAFÍOS en la práctica espiritual es encontrar un maestro o guía. Sea cual sea la disciplina o el entrenamiento que busques, el maestro representa de alguna manera lo que tú deseas saber o lo que tú deseas ser. ¿Con qué otro motivo estudiarías con esa persona?

Los buenos maestros son difíciles de encontrar. La fama no es un buen criterio. En la mayoría de los casos, aquellos que se hacen famosos deben cooperar con las fuerzas que los impulsan a la fama y generalmente se venden en el proceso. Mucha gente busca a aquellos que son famosos, como una forma de acreditación, pero hay otro problema. Como dijo el Yogui Berra de un famoso restaurante, «Ya nadie va ahí. Hay demasiada gente».

Mira a los estudiantes del maestro. Aprenderás mucho sobre el maestro a través de ellos.

Busca una persona que te transmita, alguien a quien escucharías incluso cuando estuvieras completamente loco.

Cuando encuentres un maestro que represente lo que buscas, cultiva la relación y cuídala. Como cualquier relación, requiere trabajo.

El maestro te muestra posibilidades, te entrena en las habilidades y capacidades que necesitas y te señala cuando tu condicionamiento interior se interpone en el camino. Tu responsabilidad es asegurarte de que comprendes lo que estás aprendiendo, y hacer uso de lo que el maestro te da sin corromperlo ni editarlo.

Cuando estudies con alguien, pon atención no solo a lo que tienes *la intención* de aprender, sino a lo que *estás aprendiendo*. Como en cualquier relación, la que se establece entre el maestro y el alumno es un misterio. El maestro puede enseñarte habilidades y entrenarte en destrezas que ni tu ni él tenían la intención de cultivar. No puedes predecir lo que sucede realmente.

Si tu maestro te escucha atentamente, aprenderás a escuchar, ya sea que quieras o no aprender a escuchar. Si te da respuestas tradicionales, aprenderás a dar respuestas tradicionales, ya sea esa su intención o no. Si te plantea desafíos y hace que te esfuerces más allá de lo que tú crees que puedes hacer, aprenderás a desafiar a otros y a hacer que se esfuercen más allá de lo que ellos piensan que pueden hacer. Si es seco e impaciente, aprenderás a ser seco e impaciente.

Si la comunicación parece dejar de funcionar, no asumas que hay un problema. Quizás el maestro esté mostrándote posibilidades que nunca habías imaginado.

En la presencia de un maestro espiritual competente, tus reacciones emocionales disminuyen y eres capaz de estar presente con partes de ti mismo que nunca antes pudiste enfrentar. Experimentas paz, claridad, energía: una libertad que no sabías que era posible. No cometas el error de pensar que esos cambios dependan solo del maestro. Surgen porque estás presente en un nivel más alto de energía y atención, capacidades que tu maestro ha desarrollado y que tú estás ahí para desarrollar.

Si consideras que esos cambios solo se deben a tu maestro, inevitablemente terminarás adorándolo a él o a ella, y eso no le hace bien a ninguno de los dos.

Aprecia la relación, pero no adores al maestro. Él o ella tiene debilidades también. Si las ignoras, estarás viviendo el mundo de tus propias proyecciones. No te estás relacionando ni conectando con la persona que está frente a ti.

Tampoco hables mal de tu maestro, incluso si llegan a separarse. No hay forma más segura de debilitar tu propia práctica o de cerrar la puerta a tu propio despertar.

No intentes ser amigo de tu maestro, y no lo consideres como tu amigo. La amistad puede evolucionar. Con frecuencia sucede. Pero ese no es el punto de la relación. El punto es aprender lo que necesitas aprender, en el sentido de posibilidades, habilidades y lo que obstaculiza tu camino.

Con frecuencia es más difícil encontrar un buen maestro que encontrar una pareja adecuada. Cuando encuentres un maestro, cuida la relación. Escucha las instrucciones, comprométete con tu maestro para asegurarte que las comprendes, tómalas en serio y ponlas en práctica.

ESTROFA 7

Encerrados en la prisión de sus propios patrones
Los dioses ordinarios no pueden proteger a nadie.
¿Adónde irás entonces a buscar refugio?
Busca refugio en lo que es confiable: las Tres Joyas; esta es la
práctica de un bodhisattva.

¿A QUIÉN CONFIARÍAS TU VIDA? POR DECIRLO DE OTRA manera, ¿quiénes son tus dioses?

Para muchos la respuesta es el dinero. La mayoría de la gente siente que si tiene suficiente dinero, estará segura y feliz; piensa que con el dinero puede tener seguridad, comodidad, respeto, poder o fama. Deposita su confianza en el dinero. El dinero es su dios, su refugio.

¿Qué pasa con la felicidad? Una diosa efímera y caprichosa que visita brevemente cuando algo cambia favorablemente, y después de unos días se esfuma. A veces encuentras la felicidad cuando menos te lo esperas, cuando los desafíos aparecen de todas las maneras posibles y estás completamente comprometido con la vida. Irónicamente, cuando todo marcha sobre ruedas, a menudo encuentras que te aburres.

Otros dioses populares son el poder, la belleza física, la atracción sexual, la longevidad, la pureza moral, el conocimiento, la integridad y el valor. Puedes buscar tu seguridad o identidad en la familia y la comunidad, en la salud y la belleza o en la alegría y otras experiencias trascendentes.

Los dioses son proyecciones de tus esperanzas y deseos, pero tus esperanzas y deseos son, en sí, proyecciones de tus patrones emocionales, proyecciones del pasado, proyecciones de lo que

sientes que te falta, proyecciones de lo que piensas que te hará sentir completo, o que te dará el lugar que te corresponde en el mundo. ¿Puede un patrón liberarte?
    Un patrón es un fantasma del pasado. No te puede ayudar. El mundo que lo generó ya no existe. Cuando funciona ese patrón, entras en la ilusión de ese mundo. Si intentas satisfacerlo, habrás aceptado ese mundo, y estarás en su poder, con todas sus exigencias, disfunciones y contradicciones. Esto es lo opuesto a la libertad que buscas.

    Necesitas una dirección. Tradicionalmente, la dirección es Buda; un ejemplo de cómo vivir libre de conflictos. Necesitas una ruta, un camino. Encuentras tu camino a través del Dharma; la comprensión y experiencia de aquellos que han hecho viajes similares. Necesitas guías; la Sangha; aquellos que comparten tu intención, sirven de ejemplo, pueden señalar lo que funciona y mostrar las dificultades.
    Al final, sin embargo, todo lo que tienes es la conciencia, la cualidad del conocimiento presente en cada momento de la experiencia; indefinible, indescriptible, conocimiento no conceptual. Parece no haber nada; sin embargo, está ahí —clara y presente— y la experiencia simplemente surge, sin restricción. ¿Puedes confiar en ese conocimiento? ¿Puedes confiar en esa claridad? ¿Puedes confiar en tu propia experiencia?
    Mirándolo desde otra perspectiva, el refugio es cómo te relacionas con la experiencia de la vida en sí. Cuando dejas de buscar, afuera o adentro, algo para liberarte de tus dificultades, tomas refugio en la atención directa; eso es buda. Cuando la atención y la experiencia no son diferentes, dejas de luchar contra lo que surge y tomas refugio en la claridad; eso es dharma. Y cuando experimentas la vida sin apegarte, oponerte ni ignorar lo que surge, tomas refugio en la experiencia sin restricciones; eso es sangha.

ESTROFA 8

El sufrimiento en los reinos inferiores es extremadamente
difícil de soportar.
El Sabio dice que es el resultado de acciones destructivas.
Por esa razón, incluso a costa de tu propia vida,
No te impliques en acciones destructivas; esta es la práctica
de un bodhisattva.

LOS REINOS INFERIORES SON LOS MUNDOS PROYECtados por la ira, la avidez y la supervivencia; los mundos de tus instintos más básicos, los mundos donde tus únicas opciones son huir o luchar, comer o ser comido, matar o morir.

¿Cuándo fue la última vez que te atrapó la ira?

Un colega del trabajo hace un comentario sin pensar, un poco irrespetuoso en tu opinión. De repente, algo en ti cambia y estás ardiendo en cólera: tu cuerpo caliente y enrojecido, tu estómago hecho un nudo y revuelto. Groserías se escapan de tu boca. No tienes ni idea de lo que estás diciendo. Estás ahí despreciándolo, respirando fuertemente, con los dientes apretados. Él esta perplejo, alarmado y rápidamente abandona la sala.

¿Qué ha pasado?

Vuelve atrás ahora. Recuerda el sentimiento de ira lo mejor que puedas.

¿Qué le sucede a tu cuerpo? ¿Hay una vara de hierro candente que te quema por dentro? ¿Hay piedras hirviendo en tus entrañas? ¿Estás revolcándote en un contenedor de cobre fundido?

¡Bienvenido a los reinos del infierno!

¿Qué pasa con el odio? La mayoría de las personas no lo reconocen. Es demasiado frío, demasiado insensible. Cuando estás totalmente tenso e inflexible, frío y rígido, estás atrapado en el odio. Si te mueves, aunque sea un milímetro, te rompes. Si te pones la mano en el corazón, puedes sentir lo duro y frío que está. Este es un mundo de hielo duro, frío y rígido. Como escribió Robert Frost:

> Algunos dicen que el mundo terminará en llamas,
> Otros dicen que en hielo...

El mundo de la avaricia no es mucho mejor ¿Qué sucede cuando piensas en el dinero? ¿Tu cuerpo se tensa? ¿Te empiezas a apretar las manos? Cuando piensas en algo que necesitas, ¿puedes sentir la desesperación, el miedo, la avaricia? Escucha las historias: «Si no tengo esto, entonces...»

Cuando caes en cualquiera de estos reinos, no sabes lo que estás haciendo, ni lo que estás sintiendo ni experimentando. Historias, justificaciones y racionalizaciones se apoderan de ti. Ni siquiera te das cuenta de las fuertes sensaciones físicas y emocionales. No sientes el dolor; sin embargo, a través de tus acciones, a través de tus palabras, infliges dolor a los demás.

Cada pensamiento, palabra o acto pone en movimiento un proceso que da forma a la manera en la que experimentas la vida. La energía reactiva que sale de ti se refleja, y vuelve a ti como parte de tu experiencia de la vida. Cuando te enojas o te dejas llevar por la avaricia o la desesperación, tomas más de lo que te corresponde, causas dolor a otros y activas tu propia ruina. ¡Acciones destructivas de verdad!

No es suficiente decir que te portarás bien o que ya no te vas a portar mal. Date cuenta de qué edad te sientes cuando dices «Voy a ser bueno». Esta es la solución de un niño. Está basada en viejos patrones para buscar la atención y el afecto de los padres y evitar el castigo.

Olvídate de ser bueno o malo. Trae la atención a tu vida.

Experimenta lo que verdaderamente te está sucediendo. Mira lo que estás haciendo y cómo afecta a otros.

Algunos comportamientos destructivos están tan profundamente condicionados que no te puedes ni imaginar hacer algo diferente. Y si lo hicieras, sería como morir. Es la muerte, es morir al mundo de las reacciones emocionales.

Tienes una opción: dejar que tus reacciones emocionales destruyan tu vida y la vida de los otros, o morir a los reinos generados por estas reacciones. ¿Qué escoges?

ESTROFA 9

La felicidad de los tres mundos desaparece en un instante,
Como una gota de rocío sobre la hierba.
El nivel más alto de libertad es uno que nunca cambia.
Aspira a esto; esta es la práctica de un bodhisattva.

LA BÚSQUEDA DE LA FELICIDAD PARA TU PROPIO bienestar es un ejercicio inútil. Como meta, es frívola y poco realista; frívola porque la felicidad es un estado transitorio que depende de muchas condiciones, y poco realista porque la vida es impredecible y el dolor se puede presentar en cualquier momento. La felicidad que sientes al obtener algo que siempre habías deseado normalmente no dura más de tres días. Los estados de felicidad durante la meditación son similares, ya sea que surjan como gozo físico o emocional, o como la felicidad del espacio infinito, como la conciencia infinita o la nada infinita. Estos estados se disipan tan pronto como vuelves a las dificultades de la vida. ¡Como una gota de rocío sobre la hierba, ciertamente!

La búsqueda de la felicidad es la continuación de la visión tradicional de la práctica espiritual; una manera de trascender las vicisitudes de la condición humana. Valhalla, el paraíso, el cielo, el nirvana, todos sostienen la promesa de la eternidad, la alegría, la pureza o la unión con la realidad última. Estos cuatro anhelos espirituales son reacciones escapistas a los desafíos que todos enfrentamos en la vida.

Toma un momento y considera qué estás buscando en tu práctica ¿Buscas alguna forma de trascender, si no es en Dios, entonces en un sustituto de Dios, algo así como una conciencia eterna, alegría pura o luz infinita? ¿Buscas una conciencia tan profunda y poderosa que tus frustraciones y obstáculos en la vida desaparezcan en la presencia de tu comprensión y sabiduría? ¿No estarás buscando un boleto para salir de las dificultades de la vida?

Si piensas en la libertad como un estado, en efecto estás buscando un tipo de cielo. En cambio, piensa en la libertad como una manera de experimentar la vida en sí misma; un continuo flujo en el que recibes lo que surge en tu experiencia, te abres, haces lo mejor que puedas y luego recibes el resultado. Y haces esto una y otra vez. Una libertad que nunca cambia se convierte en un continuo ejercicio de todo lo que sabes y entiendes. Es la manera en la que participas en la vida. No es algo que te aparta de la vida. ¿De qué otra manera sería posible para la gente que medita en prisión o en otros ambientes muy restringidos decir que encuentran la libertad, incluso en confinamiento?

La vida es dura, pero cuando ves y aceptas lo que está sucediendo, aunque sea muy difícil y doloroso, el cuerpo y la mente se relajan. Hay una cualidad exquisita que viene de experimentar lo que surge, completamente, sin ninguna separación entre la conciencia y la experiencia.

Algunos lo llaman gozo, pero no se trata de un gozo frívolo ni alborotado. Es un gozo profundo y silencioso, un gozo que de cierta manera está siempre ahí, esperándote, pero alcanzado solo cuando algún desafío, dolor o tragedia te deja sin otra opción más que abrirte y aceptar lo que está sucediendo en tu vida.

Otros lo llaman verdad, pero esta es una palabra cargada y engañosa, que contiene la noción de que hay algo que existe aparte de la experiencia. La verdad como concepto crea una oposición a lo que se sostiene como no verdad y esa dualidad necesariamente conlleva a la autoridad jerárquica, al pensamiento institucional y la violencia.

En esta libertad estás libre de las proyecciones de pensamiento y sentimiento, y estás despierto y presente en tu vida. Las reacciones siguen surgiendo, pero van y vienen por sí mismas, como copos de nieve posándose en una piedra caliente, como niebla en el sol de la mañana o como un ladrón en una casa vacía.

¿Qué es la libertad? No es ni más ni menos que vivir la vida despierto.

ESTROFA 10

Cada ser ha cuidado de ti como una madre.
Si todos ellos sufren eternamente, ¿cómo puedes ser feliz?
Para liberar a todos los seres sin límite,
Genera el despertar de la mente; esta es la práctica de un bodhisattva.

¿QUÉ ES EL DESPERTAR DE LA MENTE?

Detente un momento y considera a todos los seres en el mundo —personas de todos los ámbitos, animales, incluso insectos— billones y billones. Cada uno de ellos es como tú: luchando con la vida de diferentes maneras, luchando para sobrevivir, luchando con el cambio o luchando para encontrarle sentido a la vida.

Imagina que tienes la habilidad para liberar a todos los seres de sus luchas y del dolor que estas les causan. Ahora imagina que los liberas, uno a uno, en el transcurso de innumerables eones, no importa cuánto tiempo tardes.

Mientras aceptas la posibilidad de liberar a innumerables seres durante incontables eones, recuerda que no hay seres. Todos esos seres y todos tus esfuerzos son solo la experiencia de tu vida, nada más y nada menos. Todo desaparece. Descansa ahí, en esa claridad abierta. No es nada en absoluto, ¡pero qué nada!

Esto es la mente despierta.

Desde esta claridad vacía, ábrete al mundo, a todo el universo. Ve el gozo y el dolor, la belleza y la fealdad, el amor y el odio, la confusión y la sabiduría, y todo lo que hay en medio; todo el panorama de la condición humana.

¿Qué sientes? Una mezcla: paz y libertad, por un lado, tristeza y compasión por el otro. En tu corazón hay un anhelo, un deseo, de ayudar a todos los seres a encontrar una manera de vivir en la cual no luchen con sus vidas, no se dejen llevar por las reacciones emocionales, y no se confundan ni se sientan desconcertados sobre quiénes son, qué son y por qué están aquí.

Esto también es el despertar de la mente.

En la tradición tibetana, se cultiva esta intención considerando a cada ser como si fuera tu madre: infinitas madres cuidándote durante el transcurso de infinitas vidas, una expresión poética de la vasta e intricada red de relaciones que constituyen nuestras vidas.

Observa las áreas donde hay conflicto en tu vida. En cada una ves alguna forma de aislamiento, un recuerdo doloroso, una asociación desagradable, un viejo temor. Cada una de esas partes de ti está basada en una relación. Cada vez que te encuentras en una situación que resuena con esa relación, esa parte entra en juego y hay conflicto. No puedes ser libre hasta que todas esas partes en ti sean libres también. ¡Todas esas relaciones, todos esos seres y todas esas reacciones!

En la tradición Zen, el deseo y la intención de liberar y ser libre se expresa mediante Los Cuatro Grandes Votos:

Los seres son innumerables: que pueda liberarlos a todos.
Las reacciones son interminables: que pueda soltarlas todas.
Las puertas a la experiencia son infinitas: que pueda entrar
    en todas.
Las formas de despertar son ilimitadas: que pueda
    conocerlas todas.

Tienes interacciones con otros que están perdidos en la confusión; innumerables seres. Cada interacción desencadena una reacción en ti; interminables reacciones. Cada vez que se deja ir una reacción, o sea que, cada vez que eres capaz de estar atento a la experiencia de la reacción hasta que se va, se abre una puerta, una puerta a algo que antes no podías experimentar; infinitas puertas. Y cada puerta te lleva a despertar a otra dimensión de la vida; ilimitados despertares.

ESTROFA II

Todo el sufrimiento viene de desear tu propia felicidad.
El completo despertar surge de la intención de ayudar a otros.
Así que, intercambia completamente tu felicidad
Por el sufrimiento de los demás; esta es la práctica de un bodhisattva.

OLVÍDATE DE SER FELIZ, SÁCATE ESO DE LA MENTE.

Cuando te dices a ti mismo, «Quiero ser feliz», te estás diciendo que no eres feliz y comienzas a buscar algo que te haga feliz. Te vas al cine, de compras, con los amigos, o te compras una chaqueta nueva, un ordenador o una joya; lees un buen libro o exploras algún nuevo pasatiempo; todo para sentirte feliz. Cuanto más intentas ser feliz, más se refuerza la creencia de que no eres feliz. Puedes intentar ignorarlo, pero la creencia sigue ahí.

Incluso en las relaciones cercanas, al pasar tiempo con un amigo, ayudar a otros, o hacer alguna otra buena obra, si tu atención está en lo que estás sintiendo, en lo que estás obteniendo de ello, entonces ves estas relaciones como transacciones. Porque tu atención está en cómo te sientes; consciente o inconscientemente, te pones a ti mismo en primer lugar y a los otros en segundo lugar.

Este enfoque te desconecta de la vida, de la totalidad de tu mundo. Inevitablemente, te sientes mal pagado en las relaciones con tu familia, con tus amigos y en tu trabajo. Esos desequilibrios se extienden y afectan a todos alrededor de ti y más allá. La mentalidad comercial basada en el propio interés es el problema del mundo moderno.

Si dejaras de perseguir la felicidad, ¿qué harías? Por ponerlo un poco más dramático, imagina que te dijeran que no importa lo que hagas, nunca serás feliz; nunca.

¿Qué harías con tu vida?

Quizás darías más atención a otras personas. Quizás los aceptarías tal como son, en lugar de buscar maneras de que se ajusten a tu idea de cómo deberían de ser. Quizás empezarías a relacionarte con la vida misma, en lugar de ver lo que obtienes de ella. Es posible que estés más dispuesto a participar de lo que la vida te ofrezca, con sus altibajos, en lugar de querer siempre que las cosas sean de otra manera.

Aquí es donde entra la práctica de tomar y enviar. Toma lo que no quieres y envía lo que sí quieres. Toma lo que es desagradable y envía lo agradable. Toma el dolor y envía el gozo.

Suena un poco loco —suicidio emocional, como alguien lo describió—, pero contrarresta la tendencia profundamente arraigada de centrarte en ti primero, y todos los demás después. Usa la actitud transaccional para que se destruya a sí misma porque entregas todo lo que te hace feliz y tomas todo lo que hace infelices a otros.

En las enseñanzas tradicionales coordinas el tomar y el enviar con la respiración, tomando el dolor y el sufrimiento del mundo al inhalar y enviando tu propio gozo y felicidad al mundo al exhalar. Haz esto con cada aspecto de tu vida; lo bueno y lo malo, lo feo y lo bello. Extiéndelo a todo lo que experimentes, interior y exteriormente.

Cuando veas a otras personas que están sufriendo, cualquiera que sea la razón, imagina que tomas su sufrimiento y que les envías tu propia experiencia de paz, felicidad y gozo. No importa quiénes sean: los ricos, los pobres, los enfermos o los criminales. Si están sufriendo, toma sus sufrimientos y envíales tu gozo, felicidad, y bienestar, el que tengas, el que hayas tenido o el que esperas tener.

Si tienen dolor, toma su dolor. Envíales tu alivio y descanso. Si están causando dolor, toma su confusión emocional o la ignorancia deliberada que los lleva a infligir dolor a los demás. Envíales el amor, la compasión y la comprensión que tú has recibido o que te gustaría recibir.

No edites tu experiencia de la vida. Cualquier cosa que te encuentres —una persona sin hogar temblando de frío, una amiga a quien su pareja la ha abandonado por otra, un familiar que sufre de un dolor crónico, noticias de hambre, guerra, o los efectos devastadores de la avaricia, corrupción o rígidas creencias— cualquier dolor que sea, tómalo.

No seas miserable. Entrega a otros todo lo que te da alegría. ¿Tienes éxito en el trabajo? Entrega tu éxito. ¿Tienes dinero en el banco? Envía la alegría del bienestar económico a otros. ¿Disfrutas tu inteligencia, tu habilidad para pensar con claridad y resolver problemas? Entrégalos. ¿Eres talentoso, musical, física o artísticamente? Entrega tu talento. ¿Disfrutas de los amigos y la compañía? Entrégalos.

Con cada intercambio, siente ambos, el dolor y las deficiencias del mundo y tu propia alegría y habilidades. Toma el dolor y envía la alegría.

¿Conduce esta práctica a la felicidad? Para nada, pero sí te ayuda a comprender el sufrimiento y la lucha de otros. Cualquier altibajo, alegría y dolor que ellos tengan, puedes estar presente porque sabes que la vida no es perfecta y no esperas que lo sea.

Como mi maestro dijo una vez, «Si verdaderamente pudieras quitar todo el sufrimiento que hay en el mundo, llevándotelo todo con una sola inhalación, ¿dudarías en hacerlo?

ESTROFA 12

Aunque alguien, dominado por un deseo desesperado,
Robara o hiciera que alguien más robara todo lo que posees,
Dedícale tu cuerpo, tus bienes y
Todo lo bueno que has hecho o harás; esta es la práctica de
un bodhisattva.

ESTE ES LA PRIMERA DE SEIS ESTROFAS EN LOS CUALES Tokmé Zongpo describe cómo practicar al enfrentar el daño, el insulto o lo incomprensible; situaciones que comúnmente provocan enojo y rabia. En todas estas situaciones se utiliza el enojo como base para la práctica de tomar y enviar.

Llegas a casa y te bajas del coche. Algo no está bien. La puerta de entrada está abierta. Entras con precaución. La sala de estar es un desastre, tu ordenador y televisor no están. Vas a tu dormitorio. Lo han destrozado, los cajones abiertos y la ropa por todos lados. La caja fuerte donde guardabas tus objetos de valor se la han llevado y también la joyería.

Te han robado.

Ya no te sientes seguro. Tu propio hogar se siente como un lugar extraño y hostil. No sabes en qué ni en quién confiar. Y estás enojado; enojado con el ladrón que entró en tu casa, enojado contigo mismo por no haber tomado más precauciones, enojado con el mundo donde la gente roba. Quieres que atrapen y castiguen al ladrón. Quieres que sepa cómo se siente ser robado. Quieres que sepa lo que es sentirse asustado y temeroso.

Cambias las cerraduras e instalas un sistema de seguridad. Buscas un experto que localice los puntos débiles de tu hogar y los arregle. Sabes que ahora es mucho más difícil que un ladrón pueda entrar, pero aún así no puedes dormir por la noche. Sigues enojado, indignado y resentido. Sientes que has perdido algo más, el sentido de seguridad, y no sabes cómo recuperarlo.

La cultura y la sociedad inducen a una manera engañosa de pensar: que los coches, muebles, ropa y dinero que posees son tuyos. El ladrón ha destrozado esa ilusión. Es una lección dolorosa, sin duda, pero el ladrón te ha abierto los ojos, y ahora ves que lo que tienes no es realmente tuyo. Tienes el uso de tus posesiones, pero te las pueden quitar en cualquier momento.

¿Qué vas a hacer?

Puedes, por supuesto, continuar consumido por la rabia y la indignación y continuar sin poder dormir. O puedes usar este robo para cultivar la compasión, desmantelar el hechizo de propiedad y despertar un poco.

Comienza con tu dolor y derrota. Te han violado, física y emocionalmente; eso es un hecho. No lo puedes pasar por alto. Abre tu corazón y tu cuerpo al dolor. Explora qué tanto puedes experimentar antes de caer al abismo y perderte en sentimientos de rabia, miedo y violación. No es útil dejar que esos sentimientos se desborden. Ve al límite de lo que puedas experimentar, sin ser consumido y descansa ahí.

Ahora centra tu atención en la persona que te ha robado. Siente cuánta necesidad, desesperación, enojo o frío se debe tener para robarle a alguien, por la fuerza o con astucia. Luego mentalmente entrega al otro todo lo que él o ella necesite para liberarse y estar en paz. Haz esto una y otra vez, sintiendo y tomando la necesidad, la rabia y las dificultades de esa persona, sintiendo y enviando toda tu buena fortuna, tu afecto y respeto por los demás.

¿Qué sucede? Ahora sientes en tu cuerpo lo que es sentirte tan desesperado, tan frío, tan despiadado. Tomar esos sentimientos puede ser incómodo, pero hazlo de todas maneras. Quizás no quieras enviar tu riqueza y buena fortuna tampoco; es tuya, después de todo. Envíala de todas maneras.

Esta no es una práctica para sentirte bien. No intentes convertirla en tal. Solo hazlo.

Entonces algo cambia. Tu experiencia del dolor pasa de ser una amenaza a ser una sensación. Tú no haces que este cambio suceda. No es una decisión tuya. Sucede por sí mismo. Algo cambia dentro de ti, y experimentas tu dolor de manera diferente. Ahora puedes, de manera diferente, tomar el dolor del ladrón que te robó. Puede ser intenso y desagradable, pero puedes tomarlo. También puedes tomar el dolor de otros a quienes también les han robado y el dolor de todos los que roban. Comprendes cómo el dolor destruye el alma y deseas que todos se liberen de él.

También puedes enviar tu propia riqueza, disfrute y apreciación de la vida libremente a otros. Puedes enviar tu generosidad y apertura, tu respeto por otros y el gusto de dar y compartir. Envías todo esto con un corazón libre y abierto tanto a los que les han robado, como a los que roban. Los prejuicios y juicios desaparecen y se abre un gozo inesperado.

Si practicas esto lo suficiente, empezarás a ver que todo es como un sueño. Verás las historias que utilizas en tu vida para darle estructura —esto es mío, eso es tuyo, tuyo, mío, mío, tuyo— te seduce la ilusión, la ilusión de la propiedad.

Nada es verdaderamente tuyo. Tu coche no es tuyo. Solo lo puedes usar mientras lo estés pagando. Si te lo roban, ya no te pertenece. Tu casa no es tuya. Pagas la hipoteca, y eso te permite hacer uso de ella. Los libros de tu casa no son tuyos. Si hay una inundación, un fuego o entra otro ladrón, ya no puedes usar nada de eso. Incluso el dinero que tienes en el banco no es tuyo. Solo puedes usarlo. Te lo pueden quitar: un robo de identidad, un error bancario, un estafador, las fluctuaciones del mercado o la inflación.

Todo lo que tienes es lo que experimentas ahora mismo. Eso, y solo eso, es tuyo. Todo lo demás es una idea, una historia, una interpretación, un sueño. Al despertar al entendimiento de que todas esas nociones sobre la vida no son nada más que neblina y humo, sientes una tremenda pérdida y a la vez un gran alivio. También sientes una infinita compasión por todos los que están atrapados en el sueño y no pueden ver más allá.

ESTROFA 13

Si alguien tratara de cortarte la cabeza,
Aunque no hubieras cometido ni la más mínima falta,
Animado por la compasión,
Toma para ti mismo todo su veneno; esta es la práctica de un bodhisattva.

SUENA TU TELÉFONO. ES TU JEFA. SIN NINGUNA ADVERtencia te ataca. Está tan enojada y alterada que apenas puedes entenderla. Cualquier cosa que haya pasado, te culpa a ti; eso está claro. Te dice lo que ha hecho y lo que va a hacer. Esas palabras se oyen alto y claro, pero no te lo puedes creer. Cuando ha terminado, cuelga.

Estás en shock. No te salen las palabras. No puedes creer lo que acaba de pasar. Acabas de perder tu trabajo. ¡Y no hiciste nada!

«¿Qué hice para merecer esto?» te preguntas. Te aferras a una explicación —psicológica, sociológica, neurológica, biológica, fisiológica, epistemológica, ontológica, astrológica, mitológica— cualquier explicación, mientras sea lógica.

Una vez disipado el shock inicial, las reacciones emocionales se activan. Te sientes repudiado, solo, aislado, no querido ni apreciado. Estás enojado, indignado, y quieres destruir todo lo que esté a tu alcance.

El siguiente momento, deseas elevarte por encima de todo; es el universo diciéndote lo que tienes que aprender, es el juego del vacío, la danza del cosmos. Luego vuelves a hundirte en el sufrimiento y desesperación. En un momento estás listo para calmarte con una satisfactoria dosis de martirio, en otro momento planeas fríamente formas para destruir la compañía.

Estás perdido en la reacción. ¿Qué haces?

Otra vez, Tokmé Zongpo sugiere tomar y enviar. Toma el veneno del enojo, de ella y de todos los seres. Envía comprensión y amor. Toma el dolor del rechazo y envía tu alegría por la aceptación. Toma la pérdida y el miedo y envía tu riqueza y confianza.

Aún así las historias continúan. «No es justo», piensas. Reconstruyes en tu mente lo que probablemente sucedió, cómo terminaste siendo despedido por algo que no hiciste, pero ya es demasiado tarde; el mundo sigue adelante. Estás donde estás y no es justo. De todos los seres, en todos lados, toma todas las injusticias que encuentran. Toma la falta de comprensión y el dolor, también de los que son injustos, sentenciosos, críticos y punitivos. Envía ecuanimidad, imparcialidad, paciencia y comprensión.

¿Qué te lleva a enfocarte en la justicia? Mientras practicas y sientes la parte de ti que desea justicia y legitimidad, quizás te sorprenda lo infantil que se siente eso. A menudo es el deseo de un niño, un niño que aún tiene que aceptar el caos impredecible que es la vida.

Entonces te das cuenta. Tu jefa estaba muy alterada. Te gritó como grita un niño que está haciendo una rabieta.

Con este entendimiento, tu práctica de tomar y enviar cambia. Ves que su dolor es dolor, de la misma manera que tu dolor es dolor, y tomas su dolor, junto con el dolor de todos los que están heridos o confundidos por todo lo impredecible en el mundo. Envíales el calor de tu amor, el suave roce de tu paciencia y la paz de tu ecuanimidad frente a las desigualdades inevitables de la vida.

Abandona cualquier interés en la justicia y la equidad. Estos son ideales, ideas que tus patrones habituales fácilmente malinterpretan y forman para sus propios fines. La práctica no va a ningún lado si sigues este camino. Pronto te pierdes en la interpretación, el pensamiento conceptual, el prejuicio no reconocido y las preferencias. Tampoco reclames acceso a una verdad más elevada, porque entonces estás reclamando el poder y el derecho de decidir por otros.

En cambio, dirige tu atención a tus propias expectativas y sueños e incorpóralos a tu práctica de tomar y enviar. Toma todos los sueños no vividos, perdidos y rotos que la gente experimenta en sus vidas cada día. Envíales todo el éxito, disfrute y logro que hayas experimentado.

Usa la práctica de tomar y enviar para abrirte a la totalidad del dolor y sufrimiento en el mundo y para tomarlo todo. Úsalo para abrirte a la totalidad de la alegría y felicidad en ti y envíala.

Practica esto hasta que todos los pensamientos y proyecciones desaparezcan y estés claro y despierto en la experiencia de tomar y enviar.

Según las circunstancias, quizás sea posible decirle algo a tu jefa o hacer algo para reestablecer el equilibro. Por otro lado, puede que no haya posibilidad de decir ni hacer nada. Podrás saber lo que se ha de hacer solo cuando ya no estés afectado por las reacciones emocionales y te encuentres libre de la confusión de la mente conceptual.

Esta es la práctica de un bodhisattva.

ESTROFA 14

Si alguien divulga por todo el universo
Calumnias y horribles rumores sobre ti,
Con el corazón abierto y afectuoso,
Alaba sus habilidades una y otra vez; esta es la práctica de un bodhisattva.

EL RUMOR ESTÁ POR TODA LA CIUDAD. TODO EL mundo habla de él. La gente te pregunta una y otra vez, «¿Cómo pudiste hacer eso?» No importa cuántas veces digas «Yo no lo hice», o «No fue así como pasó», las preguntas y censuras continúan. Tus quejas no sirven de nada. No importa lo que digas, otros lo tergiversan y lo vuelven contra ti.

El rumor empieza a esparcirse en Internet. Un blog popular lo detecta. Gente que no tiene ninguna conexión contigo, que ni siquiera te conoce, comenta tu supuesta detestable conducta. Otra página web lo detecta, y luego otra.

Cada vez que escuchas sobre ello, cada vez que lees sobre ello, sientes como si te hubieran atacado físicamente. Tus entrañas se tensan, te duele el pecho, te doblas de dolor y te cuesta respirar. Te inunda la rabia; sientes conmoción, incredulidad, preocupación, miedo y pánico. Te has convertido en un ícono del mal comportamiento, un símbolo de lo que la gente más teme y odia.

Tú sabes quién es responsable. Sabes exactamente cómo comenzó el rumor, pero no hay nada que puedas hacer. El culpable es insensible a tus súplicas y aparentemente intenta que todo el mundo te vea bajo la peor luz posible.

No quieres salir. Cuando sales, solo esperas que nadie te reconozca.

Te sientes victimizado, violado, aislado, desconectado de todas las conexiones humanas. Estás enojado y deseas devolver el golpe, desmentir los cargos, defender tu reputación y atacar la fuente de los rumores. Quieres vengarte. Quieres justicia. Quieres recuperar tu vida. Quieres tomar represalias, aunque sea para no sentirte tan impotente. Pero realmente te sientes impotente.

Cada pensamiento se centra en ti.

Te preocupa el daño y el perjuicio que estos rumores están creando en la gente que te conoce, que te respeta o que te admira. Incluso entonces, se trata de ti.

Empieza ahí. Cada idea que tienes sobre ti mismo no es cierta. Son solo ideas. Cada idea que los otros tienen sobre ti no es cierta. Son solo ideas. ¿Qué sucede? Quizás tengas un momento en que tu reactividad y tu punto de referencia conceptual desaparecen de una manera inesperada. Ahora empieza la práctica de tomar y enviar.

Toma el dolor de todos los que han sentido las puñaladas de horribles rumores y han sangrado por cuchilladas de acusaciones falsas o engañosas. Envíales tu experiencia de ser respetado y alabado, amado y admirado. Toma el dolor de aquellos que divulgan esos rumores que buscan dañar la reputación de otros. Toma el daño, la malicia, la ira o la amargura que los lleva a ello. Envíales a ellos, también, cualquier cosa que conozcas en tu vida que calma el dolor, apaga la ira y libera la amargura.

Con cada respiración, llega al límite de lo que puedes sentir, permaneciendo presente y consciente de dónde estás, de lo que estás experimentando y de lo que estás haciendo. Al tomar el dolor, siente el escozor de ese dolor, pero no te pierdas en él. Al enviar tu experiencia de ser apreciado y alabado hazlo, aunque sientas el impulso de guardar esas experiencias para ti.

Ábrete y absorbe el dolor que impulsa a tu atacante. Siéntelo junto con tu dolor y daño. Siéntelo todo tan profundamente como puedas. A cambio, envía tu comprensión y aprecio. Deja que salga de ti un río de luz de luna, suavizando, calmando y sanando todo lo que toca. Mientras ese río brota a través de ti, tú también, sientes su roce y eres capaz de abrirte más profundamente al dolor que está presente en ti, en tu agresor, en aquellos que han sido heridos por calumnias y rumores y aquellos que lastiman a otros con calumnias y rumores.

Mientras haces esto, ves también lo apegado que estás a tu reputación. Toma el apego y el dolor del apego. Toma el orgullo que siente uno al ser reconocido, alabado y admirado. Envía a todos el reconocimiento, los elogios y la admiración que has recibido. Envíales la alegría que sientes al ser alabado.

Poco a poco te das cuenta de que no hay nada en ti que pueda ser atacado, calumniado ni victimizado, y nada que pueda ser alabado, respetado ni idolatrado. Te das cuenta de que tú no eres tu reputación. No eres dueño de tu reputación. No te pertenece. No eres tú y no es tuya. Es una colección de pensamientos y sentimientos en las mentes de otros acerca de lo que has hecho, lo que han oído que has hecho y lo que piensan que has hecho.

Algo en ti se libera. Te das cuenta de que no puedes controlar el mundo. Ahora, de todos los seres, toma el dolor de no poder controlar sus vidas y envía la alegría de vivir sin expectativas ni miedo.

De esta manera, practica el tomar y enviar para experimentar cada aspecto de la calumnia y de ser calumniado, del elogio y de ser elogiado. Cuando puedas experimentar todo, lo bueno y lo malo, ya no hay nada a lo que necesites aferrarte ni resistirte.

¿Qué sucede en tu corazón ahora? Contra el dolor del mundo, eres capaz de aceptar tu propio dolor. Tu corazón se abre a otros, a la persona que habló mal de ti, a todos los que hablan mal de los demás, a todos los que han sido calumniados.

Este entendimiento no es simplemente una idea. Cuando tocas tu dolor y a través de él, el dolor del mundo, no hay enemigo. Simplemente no lo hay.

Mucha gente solo habla de estas instrucciones sin sentirlas de verdad. Se encierran en un ideal de lo que significa ser un bodhisattva. Utilizan los códigos de conducta para enmascarar su propia ira y dolor y no se permiten sentir la intensidad de su propio dolor, mucho menos el dolor del mundo. Eso es comprensible. A menudo es aterrador experimentar lo que sucede dentro de uno.

Sin embargo, si deseas ser libre, no tienes otra opción.

ESTROFA 15

Si alguien te humilla y te denuncia
Frente a una multitud de gente,
Piensa en esa persona como tu maestro
Y humildemente hónralo; esta es la práctica de un bodhisattva.

«¿CÓMO PUDE HACER ESO?», TE PREGUNTAS A TI mismo. No sabes, y te sientes totalmente, miserablemente avergonzado. Cometiste un error. Sabes que cometiste un error y estás luchando para aceptarlo. Te has disculpado. Hiciste lo mejor que pudiste para arreglar las cosas, pero aún así tienes que vivir con las consecuencias. También hiciste lo mejor que pudiste para entender por qué te equivocaste y tienes claro que no volverá a suceder. Ahora lo dejas a un lado y continúas con tu vida.

No siempre termina ahí.

Algunas personas descubren lo que pasó y te reprenden públicamente. Exigen que te hagas responsable.

«¿Por qué están haciendo eso?», te preguntas. Te has disculpado. Hiciste lo que pudiste por arreglar las cosas. ¿Por qué se meten en este asunto?

Sus acusaciones hacen que revivas tu error una y otra vez, cientos y cientos de veces. Cada vez que recuerdas el punto crucial de tu decisión, sensaciones ardientes pegajosas recorren tu cuerpo mientras te estremeces y tiemblas por dentro. Un miedo primitivo se apodera de ti. Quieres acurrucarte en un rincón oscuro, vomitar y dejar que el mundo olvide que has existido. Más tarde sientes el impulso de devolver el golpe a tus agresores, azotarlos también con desagradables relatos de sus propios defectos. Te sientes desnudo, expuesto, invadido. Nada es privado.

Estás en las garras de la vergüenza. Tu intento de dejar esa parte a un lado ha fracasado. Tus adversarios te han puesto directamente en contacto con aquello que tratabas de ignorar.

¿No es eso exactamente lo que hace tu maestro, ponerte en contacto con las partes que tú ignoras? La mayoría de los maestros no utilizan la humillación pública ni la vergüenza, pero si señalan aquellas áreas en las que no estás despierto o consciente. Haciendo eso, te ofrecen la posibilidad de trabajar con ello.

Teniendo esto en cuenta, usa la práctica de tomar y enviar. Toma el dolor que tu error provocó en los demás, no solo de la gente que heriste sino de todas las personas que han sufrido un dolor similar. Envía tu buena salud, tu buena fortuna, y particularmente cualquier cosa que haya en tu vida que pueda aliviar su dolor. Toma el dolor de aquellos que cometen errores similares y envíales tu comprensión, paciencia y afecto. Toma la rabia y el dolor de aquellos que te han humillado y envíales tu gratitud y aprecio por señalarte lo que habías dejado a un lado y olvidado.

La vergüenza es dura. Te atrapa en una historia de traición, auto traición, honor, culpa y tabús. Sientes que has violado una ley cósmica, que ya no eres digno de decirte ser humano, que eres lo más bajo de lo bajo, lo más vil de lo vil y que nunca podrás superar la vergüenza. La ira estalla, una y otra vez, para distraerte de sentirte la persona malvada y repugnante que crees que eres.

Estás obsesionado con tu identidad, el sentido de quien eres.

En el contexto de la práctica budista, esto es muy provechoso. La vergüenza se considera como una fuente de virtud porque te lleva a contener tus impulsos y alumbra en primer plano hasta qué grado te importan tu auto imagen y la imagen que tienen los demás de ti.

Mientras practicas, mantén un campo abierto de atención incluyendo no solo tu cuerpo, sino todo el mundo y el universo completo. Practica tomar y enviar con todos. Al mismo tiempo, incluye la parte de ti mismo que intentaste ignorar. No te centres en ella. Solo mantén la atención. Puedes experimentarla de diferentes maneras: como un pequeño nudo, como una agitación física penetrante, como dolor físico, emocional o ambos, como un sentimiento inquietante en el límite de tu atención. No necesitas hacer nada con ello. De vez en cuando, inclúyela en tu práctica de tomar y enviar, tomando el dolor y enviando tu alegría y bienestar, así como haces con todos.

En algún momento, hay un cambio; algo en ti se desmorona y se cae. Te das cuenta de que la humillación que sientes es exactamente igual a la humillación que otros sienten, y que la humillación que otros sienten es exactamente igual a la humillación que tú sientes. Todas las historias sobre ellos y sobre ti desaparecen. Ahora puedes tomar más libremente el dolor de la humillación y enviar la alegría de la humildad. Tu cuerpo y tu mente están en paz. El dolor sigue ahí, pero, curiosamente, te sientes completo y al mismo tiempo, como nada.

Y entonces te das cuenta. Sin esa humillación pública, sin toda esa vergüenza, no habrías llegado a comprender y aceptar esto; los patrones en ti eran tan profundos, el apego tan fuerte. Aquellas personas que te acusaron, que no dejaron que te escondieras, son realmente como tu maestro. De una manera extraña, estás agradecido y tu enojo se evapora.

Utilizar la vergüenza de esta manera, no quiere decir que la vergüenza sea siempre buena para ti. Depende del contexto y depende de ti.

En el contexto de un grupo, la vergüenza sirve para preservar la cohesión del mismo o de la sociedad. Es la base para la ética del honor, una ética que funciona para refrenar la conducta antisocial. Llevada al límite, da lugar a conductas inhumanas. En los duelos, por ejemplo, uno solo está defendiendo el orgullo. Las muertes por «honor», cuando un padre o hermano mata a una hija o hermana que ha sido violada, es obviamente inhumano.

La vergüenza en este contexto abarca la pertenencia o no pertenencia a un grupo. Tienes que tomar una decisión: cumplir con las expectativas sociales o del grupo, o vivir de acuerdo a tus valores, a donde sea que te lleven.

Otra forma dañina de vergüenza es una insistencia implacable de auto culpa. Que está ahí incluso cuando ningún código personal o social ha sido transgredido. Se basa en una fuerte identidad negativa que se formó como mecanismo de supervivencia cuando fuiste maltratado o fuiste incapaz de impedir que algo terrible sucediera. Esta forma de vergüenza va siempre acompañada de sentimientos de desesperación y desesperanza.

Puedes, con cuidado, utilizar la práctica de meditación para tocar el centro emocional de esas reacciones que llevaron a la formación de esa identidad negativa. Sin embargo, debido a que esa vergüenza a menudo se forma a través de una relación, quizá sea necesaria una experiencia de relación diferente, una de afecto y consideración, para liberar la identidad negativa.

Cuando sientas vergüenza, párate un momento y observa cuál de las tres formas está presente. Es posible que las tres estén presentes. En esa situación, tendrás que trabajar cuidadosamente con cada una de ellas, practica tomar y enviar con la primera, sé claro sobre tu relación con el grupo en la segunda, y haz lo que sea necesario en la tercera.

ESTROFA 16

Si alguien a quien has cuidado como a tu propio hijo
Te trata como si fueras su peor enemigo,
Ofrécele tu amorosa atención
Como una madre cuida de su hijo enfermo; esta es la
práctica de un bodhisattva.

NO LO PUEDES CREER. ESTE NIÑO AL QUE HAS CUIdado desde que nació, aquel que te miró con amor y alegría, ahora te mira furioso, con fríos ojos de piedra.

Tu estómago se hace un nudo y te cuesta respirar. Te sientes como si un cuchillo hubiera cortado tu corazón o como si te hubieran clavado un puñal en la espalda. Te retuerces de dolor, tu espalda se rompe horriblemente al doblarse en la dirección equivocada.

Con excepción de la pérdida de un hijo, quizás el mayor dolor que puede conocer un padre es el dolor que surge cuando su hijo se vuelve contra él y lo considera un enemigo. Como lamenta King Lear de Shakespeare:

¡Más afilado que un diente de serpiente
Es tener un hijo ingrato!

Si alguna vez has criado, alimentado, guiado, enseñado, u orientado a alguien que después se volvió contra ti, conoces algo de este dolor.

La bondad que has dado no siempre regresa. Cuando vuelve como enojo, agresión o traición, se siente como un golpe físico. Tu corazón se resquebraja mientras te atraviesan olas de incredulidad.

Otros sentimientos se registran lentamente: negación, ira, desesperación, dolor.…

Olvídate de cómo debería ser la vida. Olvídate de lo agradecido que debería ser tu hijo, alumno, cliente o pariente. Un sentido de orden natural es parte de tu constitución biológica. La familia, los amigos, la sociedad y la cultura lo han reforzado. Tú crees en él. Esas ideas son expresiones de una creencia, una idea, acerca del mundo.

En cambio, conecta con el dolor que claramente está ahí. Despierta a lo que está sucediendo.

Toma el dolor que ella está sintiendo. Inclúyelo con el dolor que tú estás sintiendo. Toma su enojo. Inclúyelo con tu enojo. Siente tu enojo y cualquier daño, dolor o tristeza asociados a ello y toma el enojo de todos los seres. Envía el amor y las atenciones que has dado en el pasado. Envíalos una y otra vez. Envíalos magnificados cien, mil, un millón de veces. Abre tu corazón a cualquiera que se sienta lastimado, enojado o confundido y toma todo su sufrimiento, en cualquier forma que tenga. Envía tu atención, tu amor, tu bienestar y comprensión. Entrégalo todo.

Despierta del sueño de las creencias, aún de una creencia tan arraigada como la del orden natural de la vida. Despierta al hecho de que al final no hay nada con lo que se pueda contar, nada de lo que puedas depender, nada en lo que puedas confiar. Lejos de ser negativa, esta claridad, esta ausencia de cualquier punto de referencia, es libertad; nada alrededor de ti, fuera de ti o dentro de ti puede definir en términos absolutos qué o quién eres. Eres lo que eres, y la vida es lo que es. Tú, tal y como estás ahora, tienes el potencial para experimentar cualquier cosa que se te presente en la vida, incluso la ingratitud de tu hijo. Descansa en esa claridad y continúa practicando tomar y enviar, mezclando el darse cuenta con tu vida y abandonando ideas, creencias, historias y motivos ocultos.

Entonces el enojo puede ser entendido como una expresión natural de inteligencia, mostrándote que se ha cruzado un límite. Su enojo apunta a un límite en ella. Tu enojo apunta a un límite en ti. Quizás no conozcas el límite en ella. Quizás no conozcas el límite en ti, pero esos límites están ahí.

Cuando practicas de esta manera, tus acciones no son el resultado del enojo, ya seas agresor o víctima. Puedes restablecer un límite. Puedes extender una mano amiga. Puedes no hacer nada. Cualquier cosa que hagas, tus acciones vienen de la claridad; de conocer y aceptar la totalidad de tu experiencia, interna y externa.

Aquí la compasión no es un método ni un medio para un fin sino un resultado, el resultado de estar despierto y presente con el dolor que hay en ti, en el otro y en el mundo.

Si sientes un deseo incontrolable de expresar tu preocupación e interés, ten cuidado. La atención no solicitada también puede cruzar un límite. Solo haz lo que sea necesario hacer; ni más ni menos.

ESTROFA 17

Aunque tus compañeros y subordinados
Te desacrediten para verse mejor,
Trátalos con respeto como tratarías a tu maestro:
Ponlos por encima de ti; esta es la práctica de un bodhisattva.

SUPONGAMOS QUE ERES PARTE DE UN GRUPO QUE trabaja en un proyecto. Algo ha salido mal, y todos están tratando de entender qué sucedió y cómo proceder. La gente del grupo presenta diferentes ideas sobre cómo proceder. Las tensiones aumentan a medida que los intereses competitivos salen a la superficie. Tú presentas una idea que consideras que funcionará para todos. Un colega descarta tu sugerencia con un ingenioso comentario a tu costa. Estás un poco sorprendido y no dices nada. Entonces él propone su idea, que es solo ligeramente diferente a la tuya. Te han hecho a un lado y el grupo rápidamente apoya su idea. Quedas como estúpido, incompetente y desfasado.

Cuando alguien te menosprecia, generalmente la persona que más te preocupa eres tú. La vida viene hacia ti como una manada de caballos salvajes. Puedes esquivarlos de una u otra manera para evitar ser pisoteado. Puedes buscar la oportunidad de agarrar la crin de un caballo para poder montarte y alejarte. Sea lo que sea que hagas, tu preocupación principal eres tú.

Ábrete a lo que acaba de suceder. Alguien te ha menospreciado y marginado, y estás molesto, enojado y ofendido. Tu acosador ha sacado uno de tus patrones reactivos y lo ha hecho tan claramente que no lo puedes ignorar. Te sacude. Estás apegado, muy apegado, a lo que la gente piensa y considera de ti. Una vez que veas esto claro, el resentimiento, la rabia y la vergüenza comienzan a decaer.

Incluso puedes reírte o suspirar. Estabas atrapado; otra vez. Tu acosador ha ejercido de maestro.

Como sea que te sientas menospreciado, utiliza ese sentimiento para tomar y enviar. Si sientes ira, toma la ira de otros y envía cualquier alegría y paz mental que hayas experimentado en tu vida. Si estás resentido, toma los sentimientos de resentimiento de otros y envía respeto y aprecio. Si estás ofendido, toma el dolor y el insulto, y envía elogio y honor. Si estás confundido, toma la confusión y envía claridad y entendimiento. Toma el dolor de haber sido despreciado y envía la calidez de la cortesía y el apoyo. Toma las reacciones emocionales que llevan a una persona a despreciar a otra y envía tu habilidad de tratar a todos, incluso a tu peor enemigo, con bondad y respeto.

Desde ahí, es más fácil retirarse del juego y de querer aventajar a los demás, algo tan común en la vida, para poder tratar a tu agresor con respeto y consideración y enfocarte en lo que se necesita hacer.

En toda esta sección Tokmé Zongpo ha descrito cómo utilizar las situaciones desagradables y dolorosas para profundizar en la práctica. Lo dice en serio. Sus instrucciones no son estrategias pragmáticas para manejar situaciones difíciles. Son maneras para profundizar tu relación con la vida misma, moviéndote a través de la clara conciencia natural que es la esencia de la experiencia humana.

No puedes saber qué hacer en ninguna situación mientras estés atrapado en la reacción. Las reacciones distorsionan tu percepción y limitan el rango de posibles respuestas. No puedes ver claramente. No puedes tomar decisiones con claridad. No puedes hablar ni actuar con claridad. Esas posibilidades empiezan a abrirse solo cuando eres consciente de estar reaccionando; darse cuenta es la clave.

Las reacciones son profundas. Las creencias son reacciones solidificadas en una forma de ver la vida que no puede ser cuestionada. Las creencias marcan la línea donde tu habilidad de pensar racionalmente se detiene. Las emociones como el orgullo, los celos o la avaricia son reacciones que se activan cuando alguna creencia fundamental, incluyendo la creencia de que existes como una entidad separada, es amenazada. Estas emociones tienen una influencia en lo que ves, cómo ves y cómo evalúas lo que ves, siempre al servicio de un sentimiento condicionado del ser. Muchos gestos y movimientos físicos son reacciones automáticas, a menudo biológicamente condicionadas, que dan expresión y poder a esas emociones. Los pensamientos y las historias son mayormente reacciones, movimientos en la mente que sirven para disipar la atención y embotar la conciencia que simplemente sabe.

El propósito de la práctica de tomar y enviar es utilizar las reacciones emocionales difíciles y poderosas para despertar la clara conciencia libre de proyecciones de pensamiento y sentimiento. Para que esta transformación tenga lugar (otra vez, esto no es algo que tú haces, es algo que sucede), la atención debe estar en un nivel de energía más elevado que las reacciones emocionales que hay en ti. Para acceder a ese nivel de energía, inspírate en tu compromiso hacia la compasión como se expresa en el ideal del bodhisattva y en la práctica de tomar y enviar.

ESTROFA 18

Aunque te sientas triste, desconectado y despreciado,
Desesperadamente enfermo o emocionalmente enloquecido,
No te desanimes.
Toma para ti el sufrimiento y la negatividad de todos los
seres; esta es la práctica de un bodhisattva.

PIENSAS QUE LA PRÁCTICA HARÁ TU VIDA MEJOR, O al menos, menos dolorosa. ¡Si esto fuera cierto! En cualquier momento puedes perder a tu pareja, hijo, pariente o amigo íntimo en un accidente, una inundación, un terremoto o en un acto de violencia. Una caída, un infarto, un defecto genético o un tóxico desconocido puede dejarte inválido o desfigurado de repente. Tu trabajo, tu sustento, pueden desaparecer en un pestañeo.

¿Crees que tu práctica puede prevenir que sucedan cualquiera de estas cosas?

Sé honesto. Cualquier cosa te puede volver loco: un hermano egoísta, un coche que no arranca, tráfico inesperado, un jefe dominante, la pantalla blanca en tu ordenador, un desequilibrio hormonal... no hace falta mucho.

La adversidad es parte de la vida. No la puedes predecir. No la puedes prevenir. No la puedes controlar.

Cuando sientes que tu vida es irremediablemente mala y no se te ocurre cómo puede mejorar, ¿podrías sentarte en tu miseria y desear que a través de tu sufrimiento y dificultades, todos los seres se liberen de las suyas?

Recuerda algún momento de mala suerte, mala fortuna o algún inconveniente que te haya alterado. Deja que se construya el recuerdo hasta que sientas lo molesto que estabas. Respira, párate un momento, y luego di, «Soy totalmente miserable, un indigente, confundido, infeliz y no puedo hacer nada para cambiarlo. De todas maneras, con todo mi corazón, deseo que el sufrimiento de todos aquellos que se encuentren en una situación similar, venga a mí y que ellos se liberen de él». Al inhalar, toma todas las dificultades y sufrimientos de todos los demás en ti. Al exhalar, recuerda cualquier vestigio de gozo que hubieras tenido en algún otro momento de tu vida y envíalo a todos. Olas de resistencia pueden inundar tu cuerpo, pero haz el intercambio de todas maneras, una y otra vez, coordinándolo con tu respiración.

En algún momento —en unos instantes, en unos días, en unos años, nadie puede decir cuándo— algo cambia. Lo que cambia no es tu situación, ni tu dolor, ni tu miseria, ni tu confusión. Simplemente dejas de luchar contra eso, y eso marca toda la diferencia.

Algo desconocido e indescriptible se libera. Se abre una puerta. En tu dolor y confusión te das cuenta, encuentras una clara y abierta conciencia. Esa conciencia no es diferente de tu dolor y confusión. El dolor y la confusión no son diferentes a la conciencia. No hay una cosa o la otra, ni hay una cosa sin la otra, y puedes descansar en esa conciencia mientras experimentas el dolor.

Comprendes que estás experimentando lo que todos experimentan: el fastidio, las molestias, la irritación y las tragedias de la condición humana. Ves que nadie, ni tú, ni nadie, puede controlar ni siquiera predecir lo que sucede en la vida. Ves la futilidad de la culpa, el enojo, el juicio o la autocompasión.

La compasión —la comprensión y aceptación del dolor del mundo— surge naturalmente. Te sientas ahí, con el corazón roto, por un lado, y en paz por el otro.

Hay muchas maneras de enfrentar la adversidad, pero la práctica de tomar y enviar es una de las más sencillas y más poderosas que hay.

ESTROFA 19

Aunque seas famoso, alabado por todos
Y tan rico como el dios de la riqueza,
Ten presente que el éxito en el mundo es efímero
Y no dejes que se te suba a la cabeza; esta es la práctica de
un bodhisattva.

SEGÚN NIETZSCHE, LO QUE NO TE MATA, TE FORTALece. Es cierto. La adversidad te despierta. Hay que encontrar una manera de hacerle frente, de una forma u otra. Si es necesario, desarrollas nuevas habilidades. Si no puedes cambiar la situación externa, mira dentro. En cualquier caso, pon más atención a tu vida, y quizás puedas trabajar con algunos de tus patrones.

La buena fortuna, sin embargo, te puede adormecer. Tu vida se vuelve más fácil. Tu supervivencia no se ve amenazada. Tus necesidades inmediatas están cubiertas. Te relajas. Estás en una buena posición; buena para que los patrones se pongan en marcha.

Cuando la fortuna te sonríe, lo consideras como la evidencia de haber tomado las decisiones correctas en tu vida. Es una prueba concreta de que eres superior. Sutilmente, o no tan sutilmente, tu manera de relacionarte con otros cambia. Adoptas un aire de merecer, de privilegio y esperas que los otros te traten con el respeto y la sumisión que tú crees que te mereces.

Con la buena fortuna, tu actitud para cambiar también cambia. La vida es buena y quieres que se mantenga así. Buscas más formas de asegurar tu fortuna, reputación y estatus. Tomas menos riesgos. Te vuelves más conservador, interesado en mantener tu estado y te resistes a ideas y sucesos que puedan amenazar tu buena fortuna.

¿Por qué te atribuyes el mérito de tu buena fortuna? Gran parte de eso es solo cuestión de suerte. El lugar en el que naciste, quienes fueron tus padres y las oportunidades que tuviste, o no tuviste en tu vida; casi todo esto es solo suerte. Haces deporte regularmente y vigilas tu dieta, pero tu salud depende mucho de tus genes. ¿Por qué te atribuyes todo el mérito? Tienes un excelente trabajo. ¿Te lo ganaste o simplemente estabas en el lugar correcto a la hora correcta? Y si ganas la lotería, ¿por qué te felicitas secretamente por haber elegido esos números?

Si te atribuyes el crédito de todo lo bueno que hay en tu vida, ¿por qué no te atribuyes el mismo crédito por los accidentes y errores?

No permitas que la prosperidad y el éxito te hagan creer que puedes evitar el cambio. Los desastres naturales, la recesión económica, un nuevo gobierno, cambios en la tecnología, enfermedades, guerras —cualquier cosa— puede destruir tu buena fortuna en un instante. La fortuna puede estar aquí un día y al día siguiente se ha ido. Como Tokmé Zongpo escribe en el estrofa 9:

> La felicidad de los tres mundos desaparece en un instante,
> Como una gota de rocío en la hierba.

¿Cómo utilizas la buena fortuna para despertar en tu vida? ¿Qué puedes hacer para que no te adormezca?

Recuerda alguna ocasión en que algo bueno haya sucedido en tu vida. Tu novio te pidió matrimonio. Encontraste el trabajo que siempre quisiste. Jugaste una partida ganadora en un juego crucial. Tu esposa se recuperó de una enfermedad mortal. Recibiste un dinero caído del cielo.

Siente qué sucede en tu cuerpo cuando recuerdas esas experiencias. Si tu cuerpo se inunda de calidez y paz, envía esa calidez y paz, junto con tu buena fortuna, a todos los seres. Toma las dificultades, el dolor y los problemas en sus vidas. Si te sientes tenso y al límite, toma esa incomodidad de todos los seres y envíales tu riqueza, buena fortuna y comodidades.

Haz lo mismo con las emociones que surjan. Envía alegría, gozo, alivio y paz a todos los seres. Toma la ansiedad, inseguridad y necesidad. Si te sientes paralizado y sin vida, toma esos mismos sentimientos de otros y envíales tu vitalidad y disfrute de imágenes, sonidos, sabores, tactos y aromas.

Haz lo mismo con las historias. Envíales la palmadita en la espalda que te das a ti mismo cuando todo va bien en tu vida. Toma la culpa y la vergüenza de todos los seres. Toma el orgullo y la vanidad. Envía alegría, aprecio y humildad. Envíales las oportunidades que tienes para hacer el bien y ayudar a otros. Toma sus dificultades para llegar a fin de mes. Si te dices a ti mismo que no vales nada y que no te mereces nada, toma esos pensamientos de todos los seres. Envíales halagos, apoyo y confianza.

Ábrete a todo: las sensaciones en tu cuerpo, los sentimientos y las historias. Experimenta todo y tómalo como la base para tomar y enviar.

De vez en cuando pregúntate: «¿Quién experimenta esta buena fortuna?». Tan pronto como te hagas la pregunta, algo cambia. Ya sea que tu cuerpo estuviera relajado o agitado, se coloca de otra manera. Cualquier emoción que estuvieras teniendo pierde su fuerza, igual que las historias. Observa y observa de nuevo qué es lo que experimenta la buena fortuna. No intentes averiguarlo; solo observa. En algún momento, verás que no hay nada, solo la experiencia de la buena fortuna y una conciencia que sabe; estas dos, ni son diferentes ni son iguales. Descansa justo ahí.

Ahora observa la buena fortuna en sí. ¿Qué es? Si observas profundamente, verás que el éxito y la buena fortuna no son entidades sólidas. Son experiencias que, como la adversidad y las dificultades, surgen y desaparecen en una indescriptible e innombrable conciencia, una conciencia que no tiene nada que ver con el éxito o el fracaso, la prosperidad o la pobreza, la buena o la mala fortuna.

Los sentimientos de entusiasmo y de ser especial dan lugar a un pozo de tranquila alegría y profunda apreciación. Si alimentas esa alegría y apreciación, tu buena fortuna no te arrullará en el sueño de la falta de atención, de la complacencia o del orgullo.

ESTROFA 20

Si no sometes al enemigo interno —tu propio enojo—
Entre más enemigos externos sometas, más vendrán.
Reúne las fuerzas del amor bondadoso y la compasión,
Y domina tu propia mente; esta es la práctica de un
bodhisattva.

TOKMÉ ZONGPO HABLA DE LA IRA; SIN EMBARGO, USA un lenguaje de guerra: enemigo, vencer, armarse de valor, fuerzas. ¿Está indicando que deberías emprender una guerra contra la ira? ¿O está hablando metafóricamente? Olvida las metáforas por un momento. Si no resuelves tu propia ira, experimentas el mundo en términos de oposición y conflicto, porque así es como la ira te presenta el mundo. No importa a cuánta gente asustes, intimides, ataques o le des una paliza, lo único que necesitas es otro desacuerdo, otro disgusto, y te estás peleando otra vez.

Ahora volvemos a las metáforas. Eres una bola de fuego, una viga de hierro al rojo vivo, un tanque de cobre fundido. Cualquiera que se te acerque, siente el calor. Si no se dan cuenta de la señal o cometen cualquier ligero error, se desata un incendio en tu boca y los envuelve en llamas. Cuanta más gente incineres, más solo estás. Cuanto más solo estés, más sensible eres y más gente incineras. El patrón sigue dando vueltas una y otra vez.

Bienvenido al infierno; uno de los infiernos ardientes, para ser preciso.

Si tomas el consejo de Tokmé Zongpo literalmente, te quedarás en el infierno. Si emprendes una guerra en contra de la ira, incluso con las fuerzas de la benevolencia y la compasión, de todas maneras estás emprendiendo una guerra. Una guerra contra el infierno significa que estás en el infierno. La guerra no es la salida.

En la práctica budista, básicamente hay tres formas de trabajar con la ira o cualquier otra emoción reactiva: disolver, emplear o transformar.

Para disolver la ira, experiméntala. Siéntela sin expresarla ni reprimirla.
Volviendo al lenguaje de la metáfora, tu ira es como un niño temeroso, asustado y herido haciendo una rabieta. Acoge a ese niño tiernamente en tu atención. La ternura es donde las «fuerzas» de la benevolencia y la compasión se reúnen. No intentes que el niño haga nada; solo acógelo. Déjalo llorar; deja que se enfurezca. No reacciones a su dolor, su angustia, su miedo o sus arrebatos. Acógelo tiernamente con amor bondadoso y compasión.
El amor bondadoso te abre a su ira; no rechaces su ira. No intentes que se vaya. La compasión te permite estar presente en su dolor; no intentes afianzarlo. No trates de hacer que se vaya; de hecho, no puedes hacer que se vaya, pero puedes estar ahí con él.
Siéntate ahí y experimenta toda la ira, el dolor, el daño y la confusión en ti. Esa es tu práctica: experimentar esto sin perderte en ello. Poco a poco, el niño siente tu silenciosa presencia. Poco a poco se calma. En algún momento, surge la comprensión, una percepción sobre la ira, el dolor y la confusión que estás sintiendo y todo el ciclo de reacciones se disuelve.

Para emplear la ira, utiliza la práctica de tomar y enviar. Toma la ira de todos en el mundo: odio, rabia, irritación, resentimiento y furia. Toma su dolor, confusión y tristeza. Envíales toda la felicidad, el gozo, la paz y alegría que hayas conocido y que puedas conocer. Utiliza tu propia ira para moverte hacia este intercambio con los otros. La fricción entre tu propia ira y la de los demás, junto con tu deseo de ayudar, genera energía. A medida que te abres, tanto a tu ira, como al dolor de la condición humana, tu propia ira no puede sostenerse y se colapsa.

Para transformar la ira, ábrete completamente a la experiencia de la ira —todas las sensaciones físicas, todas las emociones, todas las historias— y luego pregúntate: «¿Quién experimenta todo esto?» Cuando haces esa pregunta, tiene lugar un cambio. Observas y no ves nada. Descansa ahí y observa. Observa en el descanso; descansa observando. En algún momento, la energía de la ira surge como un espejo de eterna conciencia. Esto no es algo que tú haces que suceda. Cuando tienes la capacidad de experimentar tu ira y descansar observándola, esta transformación simplemente sucede; no es algo que tú hagas.

Este último enfoque suena como un fácil atajo, pero requiere un alto nivel de atención: una estabilidad y claridad que permite descansar y observar incluso cuando se está ardiendo en cólera.

Si utilizas el amor bondadoso y la compasión en contra de la ira, si intentas oponerte a la ira con cualquiera de estos dos, la ira siempre gana. El uso de las «fuerzas» aquí no se refiere a la oposición, sino a la profundidad y el poder de tu amor bondadoso y compasión; puedes experimentar tu ira, completamente, sin suprimirla ni expresarla.

La ira es un mecanismo de reacción que genera energía para lidiar con lo que amenace tu supervivencia. Si tratas la ira como una amenaza que deba ser eliminada, provocas exactamente que el mecanismo reaccione. Cuanto más te opongas a la ira, incluso con amor bondadoso o compasión, más fuerte surge la reacción de supervivencia. Puedes comportarte compasivamente, pero la ira sin resolver arde dentro, seas consciente o no. Se filtra de manera que no te das cuenta y estalla en cualquier momento.

La práctica es un rompecabezas. Practicas para mejorar las cosas, pero para que las cosas mejoren, tienes que renunciar al deseo de que las cosas mejoren. Quizás hayas oído esto antes, pero es importante: practica, pero no lo hagas con la expectativa de que puedas cambiar algo. Solo practica.

ESTROFA 21

Los placeres sensuales son como agua salada:
Cuanto más la bebes, más aumenta la sed.
Cualquier objeto al que te apegues,
De inmediato, déjalo ir; esta es la práctica de un bodhisattva.

«SOLO UNA PATATA MÁS», DICES, PERO SIEMPRE quieres otra. Después de todo, están diseñadas para que siempre quieras otra. Tan pronto como termines la bolsa de patatas, quieres más. Nada te satisface. Siempre quieres otra taza de café, otro beso, otro coche, otro vestido de seda, otro tal y otro cual.

Gusto, olfato, tacto, vista, sonido; buscas sensaciones estimulantes, interesantes, fascinantes, cautivadoras, eróticas, increíbles, alucinantes. ¿Estás satisfecho alguna vez? ¿Puedes estar satisfecho alguna vez?

El problema no es disfrutar, disfrutar el chocolate, la seda o el roce de la piel de tu amado. El problema no es el objeto del disfrute tampoco. El problema es que haces de ese sentimiento de satisfacción tu mundo y luego intentas quedarte ahí. Pero la sensación pasa y la satisfacción se desvanece. Quieres aferrarte a la satisfacción, sentirla una y otra vez. Cuando no puedes, te sientes inquieto, ansioso e incompleto. Deseas la sensación y lo que te hace sentir.

En la búsqueda de libertad, algunas personas intentan resolver este problema yendo al extremo opuesto, evitando todos los placeres sensoriales. El ascetismo tiene una larga tradición y es una forma de desarrollar disciplina, de desarrollar capacidad, y de descubrir posibilidades que no sabías que había en ti. Tomar el ascetismo como un fin en sí es negar la vida. El cuerpo, la mente y el corazón simplemente se marchitan.

Una de las grandes revelaciones de Buda fue que, tanto la negación como la indulgencia, son callejones sin salida. El deseo desencadena sensaciones de hambre y sed. Cuando seas consciente de eso, detente ahí. Estas sensaciones —algunas veces sensaciones físicas, algunas veces sensaciones emocionales, algunas veces ambas— activan un mecanismo biológico que hace que la atención se colapse. El deseo toma el control, deseo por cualquier cosa que alivie el hambre y apague la sed.

En lugar de eso, ábrete a toda la experiencia incluyendo el hambre y la sed del deseo. Ábrete a todo lo que veas, todo a la vez. Después incluye todo lo que oigas, todo a la vez. Después incluye todas las sensaciones kinestésicas y táctiles de tu cuerpo, todas las contracciones musculares, la tensión, otra vez, todo al mismo tiempo. Ahora incluye todas las sensaciones internas, reacciones, emociones, pensamientos, historias y recuerdos. Incluye el hambre y la sed, el deseo, junto con todo lo demás. Después descansa en todo eso.

¿Qué le sucede al deseo? Simplemente se convierte en uno de los muchos movimientos en tu campo de experiencia. Lo experimentas junto con todo lo demás. ¿Quién experimenta el deseo? Eso, también, es simplemente otro de los muchos movimientos en tu campo de experiencia. ¿Eres tú? Tu mente se detiene y se abre un espacio.

Observa de nuevo el objeto de tu deseo. ¿Cómo lo experimentas ahora? Si se trata de una flor, por decir, notas todos los detalles. Si se trata de tu amada, ves el contorno de su cara, los cambios sutiles en su tono, la caída de su cabello, la manera en la que respira. Y ahora la aprecias de una manera totalmente nueva porque ahora la ves sin ser arrastrado por el deseo.

ESTROFA 22

Cualquier cosa que surja en la experiencia es tu propia
mente.
La mente, en sí, está libre de limitaciones conceptuales.
Comprende esto y no te entretengas
Con obsesiones de sujeto y objeto; esta es la práctica de un
bodhisattva.

RESPIRA. EXHALA LENTAMENTE, SIN TENSIÓN. HAZLO otra vez, tres o más veces hasta que la mente y el cuerpo se asienten naturalmente.

Piensa en algo. Puede ser cualquier cosa, pero piensa solo en una: tu pareja, un amigo, una flor o una idea. El pensamiento puede ser una palabra o una frase, una imagen o un sonido.

¿Dónde está ese pensamiento? En tu mente, por supuesto; pero, ¿qué significa eso? ¿Está el pensamiento dentro de tu cabeza? ¿Está fuera de tu cabeza?

Está ahí; está claro. Digamos que tienes una imagen en la mente. ¿Dónde está esa imagen; dentro, fuera, dónde?

Si no has hecho este ejercicio antes, quizás ahora estés inundado con pensamientos e ideas intentando averiguarlo. En lugar de eso, suelta todo y vuelve a empezar.

Vuelve a las tres respiraciones y deja que el cuerpo y la mente se asienten. Ahora piensa en una sola cosa. Imagínala, si quieres. ¿Dónde está esa imagen?

Cuando mires esta vez, no mires con tu mente. No intentes averiguar nada; solo observa con todo tu ser, incluyendo tu cuerpo.

El pensamiento lo conoces, lo ves, lo escuchas. El pensamiento está ahí, definitivamente, ¿pero dónde?

No intentes averiguarlo; solo mira. ¿Dónde está? No puedes responder.

Solo descansa ahí. No puedes responder, entonces no intentes responder. Solo descansa ahí, descansando y mirando.

Ahora prueba con un sentimiento —ira, amor, alegría, dolor, orgullo, compasión— no importa cuál. Lleva el sentimiento a la mente y pregunta: «¿Dónde está?»

Las sensaciones físicas asociadas a esos sentimientos las abordaremos en un momento. Por ahora, solo pregúntate: «¿Dónde está el sentimiento?» y mira. ¿Qué ves?

Sientes la ira. Sientes el amor. Sientes las sensaciones físicas. Pero, ¿dónde está el sentimiento? Tú dices: «En mi mente»; pero, ¿dónde está eso?

Puedes sentir las sensaciones físicas: tensión, contracción y rigidez con la ira y calidez, relajación y posiblemente un tipo diferente de tensión con el amor. ¿Las sensaciones físicas son los sentimientos? Hay una característica emocional, también. ¿Dónde está?

No puedes responder. Nadie puede. Otra vez, descansa ahí, mirando y descansando.

Ahora mira un objeto: una silla, un libro, un florero, cualquier cosa que puedas ver en este momento. Observas el objeto. Pero, ¿dónde está la vista? ¿Dónde tiene lugar la vista?

Podrías pensar: «¡En mi mente!» pero, ¿está la vista en tu cabeza? Si miras un objeto que sea más grande que tu cabeza, es difícil que la vista tenga lugar en la cabeza.

«Tiene lugar en mi mente», dices. Exactamente; pero, ¿dónde está eso?

No puedes responder.

Y entonces estás de nuevo donde estabas con tus pensamientos y sentimientos. Están ahí, pero no se puede decir dónde. Ves, pero no puedes decir dónde está la vista.

Es lo mismo con los otros sentidos, pero la habituación con algunos de ellos es más fuerte. Prueba primero con el sonido. Escucha una pieza musical, el sonido de una campana o el ruido de tu refrigerador. ¿Dónde está el escuchar?

No puedes responder.

Es lo mismo con las sensaciones físicas. Las sientes. Las asocias con partes muy específicas de tu cuerpo, un picor en la espalda, la textura de tu camisa, la rigidez en tu quijada cuando estás enojado, el dolor en un músculo tenso, la sensación del estómago revuelto cuando te hacen una pregunta incómoda. Pero, ¿dónde tiene lugar el sentir?

No puedes responder.

Recuerda lo que Tokmé Zongpo dice: cualquier cosa que surja en la experiencia es tu propia mente.

En otras palabras, lo que experimentas es tu mente. Tu mente no es una cosa. No está en ningún sitio. Tu mente es lo que experimentas; lo que experimentas es tu mente.

Dondequiera que estés leyendo esto, mira a tu alrededor, ábrete a todo lo que veas, a todo lo que oigas o toques, a todo lo que pienses y sientas.

Todas esas experiencias —el ver, el oír, el sentir, el pensar— todo eso es tu mente.

Es un poco como un sueño.

Descansa ahí por un momento, tomándolo todo, quizás te sientas un poco desconcertado, asombrado.

Es una manera diferente de experimentar la vida.

¿Quién experimenta todo esto? Otra vez, no intentes averiguarlo. No empieces a pensar sobre la pregunta. Solo haz la pregunta y mira. ¿Quién experimenta todo esto? Solo mira. Mira descansando. Descansa mirando.

Es un poco complicado al principio, y la estabilidad en la atención es muy importante aquí, pero después de un tiempo, te haces consciente de un conocimiento, una conciencia, que no tiene nada que ver con pensar. Está claro, como el agua. Los pensamientos y sentimientos surgen por sí mismos. Parecido a un espejo; tú no ves el espejo, solo ves lo que se refleja en él. La mente es así. Los pensamientos, sentimientos y sensaciones sensoriales surgen sin restricción. Sin embargo, cuando miras la mente en sí misma, no hay nada.

Descansa otra vez, mirando en el descanso, descansando al mirar, descansando en la conciencia. Los pensamientos y sentimientos pueden ir y venir, pero no hay observador ni espectador. Están ahí, y luego se van, como copos de nieve en una piedra ardiendo. No importa que los pensamientos sean sobre «yo» o sobre algún objeto. No importa si son palabras explícitas o imágenes o sentimientos difusos y sensaciones. Todos son movimientos en la conciencia; sin embargo, no hay nada ahí que se mueva.

Esto no es algo que pienses. Esto es algo que experimentas.

La mayoría de la gente puede hacer estas prácticas solo por un momento o dos antes de que se disipe su atención y vuelvan a caer en los pensamientos, en la experiencia común del sujeto-objeto.

Si eso te sucede, no intentes aferrarte a los cambios o las percepciones. Cuando la atención se desmorona, se desmorona. Se ha ido. Vuelve a empezar desde el principio, dejando que el cuerpo y la mente se asienten. Trabaja con esto pacientemente, tranquilamente, mejorando tu capacidad más que intentar comprender algo o intentar que algo suceda o aferrarte a algo que sucedió.

Con el tiempo eres capaz de descansar por periodos más largos sin que decaiga tu atención. Puedes observar más profundamente y ver más claramente. Cuando eres capaz de descansar en la vacuidad de la clara conciencia, puedes empezar a aprender a vivir ahí. Comienza con simples movimientos, luego con tareas repetitivas sencillas, gradualmente incluye más sensaciones y así prepárate para trabajar durante todo el día. Habrá fallas, por supuesto, por eso se llama práctica.

ESTROFA 23

Cuando encuentres algo que disfrutes,
Aunque sea una experiencia bella, como un arco iris de verano,
No la tomes como real.
Abandona el apego; esta es la práctica de un bodhisattva.

LOS ÚLTIMOS CIEN METROS CASI TE MATAN, PERO conseguiste llegar a la cima. Cansado pero emocionado, te sientas en una roca y contemplas el paisaje. Abajo, un largo prado alpino se extiende en la distancia, verde con hierba de montaña y salpicado de rosa, amarillo y azul. Una cinta plateada se mueve hacia adelante y hacia atrás, la luz parpadea desde las extensas curvas. El verde intenso del viejo bosque desciende por las colinas y montañas que se elevan al otro lado del valle, destellos de nieve en sus cimas en el azul distante. A tu izquierda, cascadas de agua sobre una cornisa, la cascada desintegrándose en una niebla espesa danzando con el arco iris en el sol de la tarde. Levantas tu mirada al cielo claro y azul, tan claro y azul que te pierdes en sus profundidades.

Nunca te habías sentido tan vivo, tan lleno de energía, tan en paz. ¿No tomar esto como algo real?

Escuchas un concierto, y la belleza de la música te hace llorar. ¿No tomar esto como algo real?

Ves a tu hijo y su amigo jugando juntos y su risa te alegra el corazón. ¿No tomar esto como algo real?

¿Te confunde la palabra en sí? Tiene varios significados. Por un lado, todo lo que experimentas es real; aunque sea solo porque tú lo experimentas. Por otro lado, nada es real; porque no puedes definir la experiencia ni decir exactamente lo qué es. Esta es una de las grandes paradojas de la condición humana. El reto es vivir en la paradoja, en el misterio.

Toma cualquiera de los ejemplos anteriores, o alguno propio, un momento en el que una obra de arte, un paisaje, la compañía de un amigo o un buen vino junto a la chimenea, te llenaron de alegría y felicidad. En ese momento te sentiste completo, lleno, unido con el mundo. Descansa ahí, sintiendo esa plenitud, relajado y abierto.

Ahora siente cuándo ese momento termina. Comienzas el camino hacia abajo. Dejas la obra de arte para irte a una reunión. Le dices adiós a tu amigo. El vaso de vino está vacío y el fuego se ha apagado. Ese sentimiento de plenitud se desvanece y el anhelo surge. Piensas en el paisaje, recuerdas la obra de arte, recuerdas a tu amigo, disfrutas los últimos sabores en tu lengua, pero ya no es lo mismo. Te sientes menos pleno, menos lleno de vida, menos unido al mundo.

Tu atención se colapsa en los recuerdos, en el objeto. Quieres que vuelva; te aferras a ello y quieres que dure más tiempo. Esa persona, ese paisaje o esa obra de arte la quieres de nuevo en tu vida; no te sientes completo sin ello. Estás completo, pero no te sientes así porque ya no estás experimentando la plenitud. No estás incluyendo el cambio que ha tenido lugar en tus sentimientos y en tu conciencia. Te cierras a lo que estás experimentando ahora mismo porque tu atención está absorbida por lo que fue, en lugar de abrirse a lo que es.

¿Qué sucede cuando incluyes los sentimientos de falta de plenitud y el anhelo que los acompaña?

Recuerda el paisaje, tu amigo o la pintura. Deja que tu cuerpo sienta el deseo en tu corazón y la manera en la que surge en tu cuerpo —el tenerlo y el desearlo— todo al mismo tiempo. Las sensaciones, sentimientos y pensamientos surgen y se disuelven en el espacio de la mente, como el arco iris en el cielo. Permite que estén ahí, viscerales, sensuales, eufóricos.

Si lo deseas, plantea la pregunta: «¿Quién sabe todo esto?» La manera en que experimentas el tirón del deseo cambia. El deseo y el tirón, ambos, se convierten en sensaciones, físicas y emocionales. Al mismo tiempo, experimentas una quietud interior, un tranquilo sentimiento profundo que no depende de nada. ¿Y los recuerdos? Solo aprécialos y disfrútalos, sin que el anhelo te moleste.

¿Qué significa soltar algo? Significa dejarlo ser.

ESTROFA 24

Todas las formas de sufrimiento son como soñar que tu hijo ha muerto.
Considerar la confusión como algo real, es extenuante.
Cuando te encuentres con la desgracia,
Considérala como confusión; esta es la práctica de un bodhisattva.

TU HIJA HA MUERTO. NO PUEDES HABLAR. NO PUEDES pensar. Las palabras no pueden expresar tu pérdida, tu angustia, tu pena y tu dolor. Te sientas en el sillón, mudo y sordo. Tu hogar se siente como un mundo extraño. El orden natural ha sido terriblemente transgredido. No puedes entender cómo la vida puede ser tan cruel, tan despiadada, tan insensible. Vienen a verte tus amigos, pero son como fantasmas moviéndose por tu casa, sus palabras de consuelo parecen ecos débiles de otro mundo. Te encuentras totalmente solo en tu angustia.

Entonces te despiertas.

Tu corazón late fuerte. Corres a la habitación de tu hija, con el corazón en la boca. Ahí está ella, durmiendo tranquila, la luz de la luna acariciando su cara. Lloras lágrimas de alegría. Un poco desconcertado, un poco aturdido, vuelves a tu cama y te sientas.

Fue un sueño. Fue solo un sueño.

¡Pero los sentimientos eran tan reales!

Un accidente de coche, la pérdida de tu trabajo, un revés financiero, una condición médica inesperada, estas y otras formas de desgracias y adversidades provocan poderosos sentimientos y poderosas historias, tan poderosos que se apoderan del control y, en efecto, te encuentras viviendo un sueño.

Esa es la confusión.

Tu primer impulso es negar el problema, la desgracia ¡Ignorarla! ¡No escuchar! Quizás se aleje por sí misma. Cuando eso no funciona, entras en guerra culpando a otros, culpándote a ti mismo, buscando venganza, buscando justicia. Luchas por una causa, y tus esfuerzos convierten al mundo en un lugar mejor. Pero tu propia pérdida sigue ahí, junto con el dolor y la pena.

No la puedes reconocer. No la puedes enfrentar. Organizas tu vida de manera que mantengas eso a raya. Comes. Haces deporte. Trabajas tan duro como puedes. Pero una parte de tu vida ha sido extraída. No importa lo que hagas, nunca te sientes pleno, nunca te sientes completo y nunca estás en paz.

Ya sea deseado o indeseado, agradable o desagradable, anticipado o no anticipado, todo lo que experimentas es tu vida, igual que en un sueño todo lo que experimentas es un sueño.

Cuando te encuentras con dificultades, los sentimientos e historias que surgen como reacción, son solo eso, sentimientos e historias. Son torbellinos de confusión, basados no en lo que está sucediendo ahora sino en creencias profundamente arraigadas acerca de ti y tu relación con el mundo. Déjalos que den vueltas como hojas al viento. A veces recaes en ellas y pierdes contacto con el presente, pero el momento de reconocimiento siempre llega. En ese mismo momento, vuelve a tu cuerpo, vuelve a tu respiración, y descansa. La confusión, las historias y los sentimientos siguen ahí. Continúan dando vueltas, pero ya no te pierdes en ellos.

Solo descansa. No intentes controlar tus sentimientos. Ábrete a todas las historias y sentimientos tanto como puedas sin ser consumido por ellos. Experimentarás sobresaltos, desorientación, ira y culpa; mecanismos reactivos que te protegen del impacto de lo que ha sucedido. Siéntate pacientemente y deja que tu sistema lo solucione.

Mientras descansas en la confusión, poco a poco, separas tu confusión del desafío que estás enfrentando. Aun así, el impulso de oponerte persiste. Pregúntate: «¿A qué me estoy oponiendo?»

Después: «¿Necesito oponerme a esto?» Y finalmente: «¿Oponerse es necesario?»

Cuando dejas de oponerte a lo que te sucede, eres capaz de descansar y ver más claramente. ¿Que ves? Observa en el descanso. Descansa observando. Al hacer esto, estás mezclando la atención con lo que experimentas y lo que experimentas con la atención. Continúa volviendo a la claridad sin perder estabilidad. Continúa volviendo a la estabilidad sin perder claridad.

Aprende a confiar en esa claridad. Con el tiempo te permite actuar sin depender de estrategias ni del pensamiento conceptual.

ESTROFA 25

Si aquellos, los que aspiran al despertar, tienen que dar
 incluso su cuerpo,
¿Qué necesidad hay de hablar de cosas que simplemente
 posees?
Sé generoso sin esperar
Respuesta ni resultado; esta es la práctica de un bodhisattva.

IMAGINA QUE TE CRUZAS CON UNA TIGRESA TAN DÉBIL que no puede amamantar a sus cachorros. Conmovido por su difícil situación, te tiendes frente a ella, pero está muy débil para matarte. Te cortas el brazo con tu propio cuchillo y dejas que tu sangre gotee en su boca. Cuando la tigresa recupera su fuerza, te mata y te come.

Posiblemente la más conocida de las historias de las vidas pasadas del Buda, esta historia deja al lector moderno perplejo, si no, horrorizado. Sin embargo, la historia te pone en contacto, aunque sea por un momento, con lo que es estar libre del egoísmo, hasta el nivel de la biología básica.

Simplemente toca esa libertad ahora. ¿Qué sucede? Imagina llevar el eco de ese roce hacia tu vida. ¿Qué sucede?

La historia del Buda y la tigresa es una historia horrible, una historia terrible. Es una historia terrible porque te deja aterrorizado ante la posibilidad de que para ser verdaderamente humano haya que ir más allá del propio condicionamiento biológico. Es una historia horrible porque te llena de asombro; pasa por alto el intelecto y la comprensión racional y te conecta directamente con la compasión con una profundidad que nunca habías considerado.

¿Qué es la generosidad? Es dar. Punto. Es dar sin condiciones, sin reservas. Algo se mueve de tus manos a las manos de otro (figurada o literalmente), y en el proceso abandonas también todo lo que concierne a ello, el uso que se le da o lo que sucederá.

Cualquier expectativa de recibir algo a cambio, de reciprocidad o de provocar algún cambio de conducta significa que no estás practicando generosidad. Estás comerciando, haciendo un préstamo o manipulando.

¿Cómo practicas la generosidad?

Una vez al día, da algo tuyo a alguien más. Puedes dar un sujetapapeles o una flor, pero tiene que ser un objeto físico y que sea tuyo. Puede ser caro o sin importancia. Puede ser algo usado o nuevo. Pero tiene que ser algo tuyo. Tiene que ser realmente un objeto, para que tengas la experiencia física de dar, no solo imaginarlo.

Dale algo a alguien una vez al día. Esa es la práctica. No le des mucha importancia, tampoco. En otras palabras, no le digas a nadie que estás haciendo esta práctica.

Ábrete a cualquier cosa que surja cuando das algo: la esperanza de recibir algo a cambio, orgullo, el reconocimiento a tu generosidad, tu deseo de control, esperar agradecimiento, tristeza, alegría de dar, alivio, soledad, apego al regalo, irritación con la práctica, etc. Permite que todo lo interno que se interpone en el hecho de dar, esté ahí, junto con todas las sensaciones físicas y emocionales, las historias y asociaciones.

Haz esto todos los días, y observa qué sucede después de unas semanas o meses.

Esta estrofa es la primera de seis en las cuales Tokmé Zongpo señala cada una de las seis perfecciones: generosidad, disciplina ética, paciencia, energía, estabilidad meditativa y sabiduría.

Perfección no es una buena traducción, pero quizás sea la mejor al español, y es de uso estándar ahora. Ni el sánscrito ni el tibetano conllevan ninguna intención de hacer algo perfecto. En lugar de eso, apuntan a la cualidad trascendente que está presente cuando se actúa en completa claridad, cuando lo que haces no está mediado ni distorsionado por proyecciones de reacciones emocionales o pensamientos conceptuales.

¿Cómo practicas la perfección de la generosidad? Cada día, cuando des un objeto, ábrete a toda la experiencia y pregunta: «¿Quién da?» No respondas a la pregunta. No pienses en ello. Solo haz la pregunta. Experimentas un cambio. Al principio el cambio dura solo un segundo o dos. Continúa haciéndolo, una vez al día, cada vez que des. Poco a poco, el cambio dura un poco más. Descansa ahí.

Con el tiempo, notas que, cada vez que das, estás un poco más despierto, un poco más presente. No piensas en dar; solo sucede, sin pensarlo, sin autoconsciencia, sin orgullo, sin apego, sin condiciones, sin pensarlo dos veces.

Aquí tocas la perfección de la generosidad: das. Le das un objeto a alguien, y él o ella lo recibe, y sin embargo se siente tan natural, tan en el momento, que no se siente nada en absoluto.

ESTROFA 26

Si no puedes cuidarte a ti mismo porque no tienes disciplina
   ética,
Tu intención de cuidar a otros es simplemente un cuento.
Guarda una disciplina ética sin preocuparte
Por la vida convencional; esta es la práctica del bodhisattva.

EN 1995 Y 1996, TANTO LAS FUERZAS DE LA GUERRILLA como el gobierno amenazaron a los nueve monjes cistercienses del monasterio de Notre-Dame del Atlas de Tibhirine en Argelia.
«¿Nos quedamos? ¿Nos vamos?» Se preguntaban unos a otros. Sabían que estaban en peligro y cada uno tenía la opción: volver a Francia o quedarse en Argelia.
Hablaron y rezaron, juntos y separados.
Cada monje decidió continuar la vida que originalmente había elegido, una vida de oración, contemplación, servicio a la gente del pueblo y rendirse a la voluntad de Dios. Ninguno de ellos se vio a si mismo viviendo o muriendo por una causa. No vieron su decisión como una manera de cambiar el mundo. Simplemente siguieron su vocación, su práctica.
En la primavera de 1996, siete de ellos fueron secuestrados y asesinados. Desde un punto de vista convencional, su decisión no tenía sentido; su supervivencia estaba amenazada. No estaban contentos con la situación y sabían que estaban en peligro. Tampoco estaba claro si su decisión de quedarse provocaría algo a mayor escala. Para estos monjes, sin embargo, y para cualquiera que se embarque en el camino espiritual, hay algo más en la vida que la supervivencia, la felicidad o el significado.

La disciplina ética es en primer lugar, cómo escoges vivir tu vida, y en particular, lo que haces cuando tu vida se ve amenazada, ya sea una amenaza a tu supervivencia física, o a tu supervivencia en una relación, un trabajo o la comunidad.

¿A quién defiendes? ¿Cuándo decides defender? A veces se reduce a la cosa por la que estás dispuesto a morir. Esta no es la práctica de la ética como una forma de mejorar tu vida. Esta es la práctica de la ética por la vida misma.

Considera esta pregunta: «¿Por qué cosa estoy dispuesto a matar o morir?» Matar está incluido en esta pregunta porque si decides morir por algo, ya has tomado la decisión de matar.

La disciplina ética también significa que no abordas la vida con el fin de ser feliz ni de resolver antiguas necesidades emocionales.

Piensa en un amigo cercano, una persona con la que tengas una larga y profunda amistad ¿Ves esa amistad como una manera de resolver antiguas necesidades emocionales? Esa no suele ser la razón para valorar la amistad. Valoras la amistad en sí misma, no por lo que obtienes de ella o lo que hace por ti. No hay cálculos, y si los hay, no es amistad, sino transacción.

Del mismo modo, no voltees hacia la vida buscando felicidad, satisfacción o el saciar necesidades emocionales. Vive la vida por la vida misma, con lo que sea que te traiga. Esto nos lleva a otra pregunta. ¿Qué amo de la vida y cómo vivo ese amor?

La disciplina ética lleva a una relación con la vida que va más allá del significado o propósito. Estos son conceptos abstractos, que te llevan a relacionarte con la vida de una manera abstracta. Te ves a ti mismo como una entidad que existe independientemente del tiempo y el contexto. Esto, por supuesto, no tiene sentido, pero eres seducido rápidamente por la necesidad de proteger, mantener, refinar o revisar esta entidad y la reputación y legado asociados a ella. Cuanto más te preocupe el propósito, el significado o la identidad, menor conexión tienes con la vida misma.

Una tercera pregunta es entonces: «¿Que soy yo, aparte de la vida?»

La disciplina ética que aplicas a tu vida es la expresión de tu conexión con la vida. Parafraseando un dicho Zen: «Profunda conexión, profunda ética. Poca conexión, poca ética. Ninguna conexión, ninguna ética».

ESTROFA 27

Para los bodhisattvas que desean la riqueza de la virtud
Una persona que los hiere es un precioso tesoro.
Cultiva la paciencia hacia todos,
Sin irritación ni resentimiento; esta es la práctica de un bodhisattva.

¿QUÉ TAN SERIO ERES AL TRABAJAR CON TUS REAC-ciones emocionales?

¿Eres como San Juan de la Cruz, el místico español del siglo XVI?, quien después de ser torturado por la inquisición, fue perdonado y para compensar las heridas que le habían causado, aunque de una forma mínima, le dieron la opción de elegir en qué monasterio deseaba vivir. El eligió un monasterio cuyo abad lo detestaba. Cuando le preguntaron por qué, el respondió que quería profundizar su práctica de la paciencia.

¿Eres como Atisha, el maestro indio del siglo XI? Cuando fue al Tíbet, incluyó en su séquito de viaje a un joven especialmente odioso para estar seguro de tener la oportunidad de practicar la paciencia.

¿Qué tal tu compañero de piso que nunca limpia el tiradero que deja en la cocina? ¿O la persona que se sienta al lado tuyo en el trabajo que siempre tararea una canción y encima fuera de tono? ¿O la persona de atención al cliente que tranquilamente se niega a ayudarte a resolver tu problema? ¿O la persona que choca contigo al dar marcha atrás y te culpa por la abolladura en su coche?

Es difícil ver estas irritaciones de la vida diaria como oportunidades, como tesoros.

Cuando alguien te pisa, literal o figuradamente, sientes una ola de energía reactiva. Surge a través de tu cuerpo —ira, frustración, dolor, pánico, resentimiento—; no puedes tolerarlo. Si no reconoces esta energía cuando surge, se apodera de ti y salen palabras furiosas; creas un desastre que tienes que limpiar.

Si reconoces esta energía, ¿puedes quedarte en la agitación sin expresarla o reprimirla? Quizás no pierdas los estribos, tan solo te des la vuelta tranquilamente y no tengas más que ver con esa persona. Quizás adoptes un aire de superioridad, aunque sea sutil, y sientas que vas en el camino del éxito. Estas también son formas de suprimir porque la ira está aún en tu cuerpo.

Las reacciones son insidiosas.

Tienes que entrenar y entrenar. Si tienes que recordar practicar la paciencia en el momento, no has entrenado lo suficiente, e inevitablemente caes en alguna forma de expresión o supresión. Eso es mucho mejor que lanzar obscenidades o reprimir tus sentimientos, pero no es paciencia, no todavía.

Te guste o no, realmente es muy beneficioso tener a alguien en tu vida que sea una constante y agobiante molestia.

Al principio te irrita; haces lo mejor que puedes para persuadirlo que se comporte de manera diferente. Cuando la persuasión no funciona, intentas el chantaje; es insensible. No importa lo que hagas o digas, está claro que no va a cambiar. Esta molestia no se va a ir. Tienes que elegir, estar constantemente irritado o… ¿o qué?

Aprietas los dientes al darte cuenta de que, si quieres paz, vas a tener que lidiar con tus propias reacciones. ¿Qué otra cosa puedes hacer?

Comienzas a poner atención a esas reacciones —la ira, la indignación y el sentimiento de ser ignorado—; te haces consciente de cómo tu cuerpo hace nudos y espasmos cada vez que ves o hablas con esa persona. Estás obsesionado con las historias de lo horrible y desconsiderada persona que es y de lo noble y maltratada víctima que eres tú. Mientras, él va feliz por su vida; tú eres el que está sufriendo.

Sin ninguna otra opción disponible, pones más atención a lo que pasa dentro de ti. Ya que nada ha funcionado, decides aceptarlo y no intentar cambiarlo, y aceptar tus reacciones y no intentar cambiarlas.

Ellas surgen, llaman tu atención, pero tú las dejas ir y venir. ¡Y ellas vienen y van! No son constantes. Esa es la primera buena noticia para ti.

La segunda buena noticia es que ahora tienes otras opciones: puedes, por supuesto, continuar peleándote con tus sentimientos, pero también puedes observarlos, explorarlos o analizarlos. Cualquiera de estas opciones es útil, aunque por lo general vuelves fácilmente a quedarte pensando. Más provechoso es abrirse a los sentimientos, mirarlos o recibirlos y aceptarlos. De esta manera, es menos probable que te quedes pensando y más probable que descubras por tu propia experiencia que tus sentimientos no tienen por qué dirigirte.

¡Qué maravilla! A través de esta molestia has descubierto una dimensión de libertad.

Ahora entrena para que la libertad esté siempre disponible para ti, entrena primero en situaciones fáciles, en interacciones menos exigentes, y luego en otras cada vez más difíciles.

La perfección de la paciencia implica otro paso y una cualidad diferente de paciencia.

¿Qué es esa quietud, ese espacio, en el cual las reacciones surgen y desaparecen? Cuando lo miras, no ves nada. Es un poco aterrador; es como mirar al vacío en el espacio exterior. Algo en ti retrocede.

Este es el otro nivel de paciencia, dejar que tus reacciones vayan y vengan de ese infinito vacío.

Pero no te detengas ahí.

¿Qué son esas reacciones? Observa profundamente. Parecen ser movimiento, pero al mismo tiempo, nada se está moviendo.

No intentes entender esto. Solo descansa y observa, observa y descansa.

Aquí encuentras un tipo diferente de libertad, una libertad que es paz y claridad al mismo tiempo.

ESTROFA 28

Oyentes y budas solitarios que trabajan solo para su propio
bienestar,
Practican como si sus cabezas estuvieran en llamas.
Para ayudar a todos los seres, pon tu energía en la práctica:
La fuente de todas las habilidades; esta es la práctica de
un bodhisattva.

TU CABELLO ESTÁ EN LLAMAS. TU CABEZA SE ESTÁ
quemando. Tú único pensamiento, tu única preocupación, es
apagar el fuego lo más rápidamente posible. ¿Así es como enfocas
tu práctica, o lo haces a regañadientes, resistiéndote, gritando y
pataleando; solo porque sientes que no hay otra alternativa?

Tokmé Zongpo no está sugiriendo que enfoques tu práctica
frenéticamente con miedo y pánico; está hablando de la cualidad
y el nivel de energía que pones en ello.

Al principio, piensas que la práctica va a mejorar tu vida. Compruebas que es así, pero tu motivación empieza a cambiar. Quizás llega una creciente apreciación de que vas a morir y que no hay nada que puedas hacer sobre eso. Quizás hay momentos en que tu experiencia de vida es tan diferente que te das cuenta de que ya no te satisface solo mejorar tu vida; quieres cambiar tu relación con la vida misma.

Aún así, estás actuando en tu propio interés.

No hay nada de malo en ello. Necesitas una motivación fuerte y clara en tu práctica para tener la energía que requiere.

La motivación se hace más clara y hay más energía disponible cuando tienes claro que no tienes interés en conquistar el mundo, en ser famoso, en acumular riqueza o poder. Ves que las riquezas, innovaciones, movimientos sociales, gobiernos, filosofías y modas van y vienen. La gente pelea sobre esto y hace la paz en aquello, pero es siempre lo mismo una y otra vez por cientos, si no miles, de años. Para ti ya es suficiente. Ya has terminado con el mundo y ahora buscas alguna clase de paz interior o libertad.

Aún más energía se vuelve disponible cuando te das cuenta de que todas tus antiguas necesidades emocionales nunca serán satisfechas. Son fantasmas del pasado. Ves que no hay manera de volver atrás y mejorar las cosas. Aceptas ser quien eres, para bien o para mal y miras lo que es posible en el futuro.

Y hay aún más energía disponible cuando dejas de tratar de estar a la altura de tus expectativas o las de los demás.

Escuchas cuidadosamente las enseñanzas y a tu maestro. Descubres cómo funcionan las prácticas. Y después te vas por tu cuenta y practicas. La supervivencia, las antiguas necesidades emocionales, la identidad; estas preocupaciones desaparecen. Pones cada vez más energía en tu práctica, profundizando tu experiencia y comprensión, y sigues cuidando de ti mismo, aunque de una manera diferente.

Ahora mira el desastre en el mundo, los ciclos interminables de dolor y alegría, ganancia y perdida, guerra y paz. Ves como cada persona, no solo tú, tiene dificultades en su vida; dificultades y dificultades y dificultades. No estás solo.

En este momento, se produce un cambio bastante profundo en tu motivación. Tu práctica no es solo sobre ti; te das cuenta de que quieres, deseas, anhelas ayudar a otros a liberarse de sus dificultades.

¿No es la intención de liberar a todos los seres del universo mera grandiosidad, idealismo romántico o una visión utópica de un mundo perfecto?

No es nada de eso.

Tu intención es solo para ti; no es que realmente vayas ni puedas liberar a todos los seres de sus sufrimientos, sino que quieres hacerlo, que tienes la intención de hacerlo, y que incluso, aunque tu forma de vida actual no cambie, es lo que haces en todas y cada una de las interacciones que tienes con otros.

Toma un momento ahora mismo y considera la idea de hacer lo que sea necesario para liberar a todos los seres, en todas partes, liberarlos de su confusión, de sus reacciones emocionales, de sus proyecciones, de todas las dificultades de sus vidas. El tiempo no tiene importancia. Mil años, mil millones de años, diez cuatrillones de años; no importa. Los números no te intimidan. Mil mundos, un trillón de mundos, cada uno con billones de seres; no importa. Harás lo que sea necesario por el tiempo que sea necesario. Tómate unos momentos y siente como sería adoptar esa posibilidad.

Para llegar a la perfección de la energía, tienes que dar un paso más. Pregúntate: «¿Quién es el que ayuda a los seres?» y observa, solo observa. Como antes, observa y descansa. Descansa observando. Observa descansando. En algún momento, la mente conceptual disminuye y ves que mientras ayudas a otros de cualquier manera que puedas, no hay un «tú» ahí. Ni tampoco hay «otros».

Todo lo que haces es simplemente una respuesta natural a lo que ves, escuchas, sientes y comprendes. Nunca piensas en otro ser, nunca piensas en otra alma, o vida, o persona. Esos pensamientos nunca te cruzan la mente. Solo haces lo que la vida te pide que hagas, momento a momento.

ESTROFA 29

Al comprender que las reacciones emocionales se
desmantelan
Con el darse cuenta basado en la quietud,
Cultiva la estabilidad meditativa que trasciende
Los cuatro estados sin forma; esta es la práctica de un
bodhisattva.

¿QUÉ PUEDES HACER CON TODAS ESTAS COSAS EN TU cabeza, la corriente interminable de pensamientos que saltan al azar de una secuencia de pensamientos a otra? La práctica de la meditación parece ofrecer un camino. Te enteras de que puedes aquietar la mente poniendo la atención en la respiración o en cualquier otro objeto (real o imaginario), o aprendiendo a dejar que los pensamientos, sentimientos y sensaciones vayan y vengan por sí mismos.

Centras tu atención en la respiración y eso funciona mientras estás meditando. Observas sentimientos y sensaciones que van y vienen. No te enganchan, y te vuelves cada vez más consciente de ti mismo como un observador que se mantiene un paso atrás.

Sin embargo, al continuar con tu día, los pensamientos se entrometen y te distraen. En el ir y venir de la vida diaria, normalmente estás perdido dando vueltas en los pensamientos y sentimientos o te sientes desapegado o desconectado, un observador, no un participante, de tu propia vida.

Naturalmente ves los pensamientos y el pensar como un problema y te preguntas si podrías dejar de pensar totalmente.

Aprendes sobre los estados internos de quietud, los cuatro dhyanas (Pali: *jhanas*), por ejemplo, y como desarrollarlos. Tu atención se vuelve cada vez más refinada, cada vez más sutil, cada vez más poderosa. Sientes que has logrado mucho, pero las reacciones emocionales aún toman el control cuando no estás meditando.

De hecho, el único momento en que eres como te gusta ser es cuando estás meditando, de retiro, o en otro ambiente de práctica intensiva. En el resto de tu vida, la práctica parece hacer poca diferencia en tu forma de interactuar con otros. Los pensamientos surgen de la nada, te descolocan y las reacciones emocionales te toman desprevenido. Ves los mismos patrones de conducta en tu vida una y otra vez y no puedes entender la gran disparidad que hay entre tu experiencia en la meditación y tu experiencia en la vida.

¿Quizás si fueras más allá y aquietaras más la mente, podrías liberarte de los pensamientos y del pensar completamente? Descansar en el espacio infinito, totalmente en calma y en paz. Es como si no tuvieras cuerpo, pero aún hay una sensación sutil de encierro y restricción. Descansar más profundamente, en infinita conciencia. La sensación de restricción se va, pero sigues sin sentirte libre. Descansar aún más profundamente. Ahora ya no hay nada, nada, excepto un vago sentido de ti mismo. La quietud se profundiza, hasta el punto en que no sabes si percibes algo o no. La quietud y la calma son extraordinarias, pero no ves hacia donde te llevan.

Estos cuatro estados son experiencias increíbles, todos ellos, pero falta algo. Aunque puedas aquietar la mente hasta un grado extraordinario, cuando intentas vivir tu vida desde esa quietud o en esa quietud, no funciona. Tan pronto como te mueves, la quietud se va. Esto no es lo que esperabas y ahora no sabes a dónde ir.

Este enfoque hacia la práctica es un poco como aprender a remar en un kayak en un mar totalmente en calma. Mientras el mar esté en calma, estás bien, pero tan pronto como el mar esté revuelto y haya oleaje, por no hablar de olas reales, pierdes el equilibrio y vuelcas. Puedes aquietar la mente, pero no sirve de mucho para navegar en el mar revuelto de la vida.

Cuando estás en el kayak, ¿puedes ignorar las olas rompiendo en ángulos extraños? ¿Puedes ignorar el oleaje que surge y te sumerge dos o tres metros? Por supuesto que no. Mientras te veas a ti mismo como algo separado del océano y trates de mantenerte quieto, las olas te noquearán. ¡Estás en el océano! No estás separado del movimiento del océano. Cuando comprendas que no hay forma de evitar moverte con el océano, te das cuenta de que tienes que ser ágil y flexible, te mueves con el océano y ajustas tu equilibrio constantemente.

Hay una diferencia entre la libertad de una mente en calma y la libertad de la no-mente.

La libertad de la mente en calma es como el kayak en el agua tranquila. Es pacífica. Puedes dirigir tu atención adonde quieras, y descansar ahí porque estás muy tranquilo, pero es casi inservible en la vida diaria.

La libertad de la no-mente es como navegar en kayak sin ningún punto fijo en tu interior. No estás separado de la experiencia. No la estás observando.

¿Cómo haces esto? Ves una y otra vez lo que no puede ser visto, tu propia mente. La quietud verdaderamente ayuda a ver; ayuda mucho. Sin embargo, la quietud por sí sola, incluso la quietud extraordinaria del espacio infinito, de la conciencia infinita y todo eso, no es suficiente.

Tienes que ver y para ver, tienes que observar.

Observar una y otra vez aquello que no puede ser visto. En algún momento no verás nada; verdaderamente no ves nada. Sabes por tu propia experiencia que no hay un tú en ti, no hay un punto fijo, nada. Esa experiencia hace toda la diferencia. Los pensamientos, sentimientos y sensaciones surgen en tu vida, pero ahora los experimentas sin ningún punto de referencia. No están «aparte»; te mueves con ellos y a través de ellos, igual que te mueves con y a través de las olas del mar en un kayak.

¿Qué haces con los pensamientos, sentimientos y sensaciones? Nada. Son libres, completamente libres, para ir y venir por sí mismos, igual que las olas en el mar.

Igual que tú.

¿Por qué? Porque has perdido tu mente.

ESTROFA 30

Sin sabiduría, las cinco perfecciones
No son suficientes para alcanzar el despertar completo.
Cultiva la sabiduría y la destreza
Libre de los tres dominios; esta es la práctica de un bodhisattva.

PALABRAS, PALABRAS, PALABRAS, PALABRAS QUE BUSCAN precisar lo mejor posible lo que no se puede poner en palabras.

¿Qué es el «despertar completo»? ¿Cuáles son «los tres dominios»? ¿Qué es «la sabiduría»?

El despertar completo, o buda, es el final de toda confusión. Piensa en ello por un momento: el final de toda confusión.

¿Tres dominios? Ellos son el agente, la acción y el objeto de la acción. Para la generosidad, por ejemplo, los tres dominios son la persona que da, el acto de dar y el objeto que se da.

La sabiduría no es una cosa. Es inteligencia, no en el sentido de coeficiente intelectual, sino la habilidad de diferenciar lo que es, de lo que no es. En otras palabras, tú sabes que un pensamiento es un pensamiento, no un hecho. Sabes que un sentimiento es un sentimiento. La sabiduría no es inteligencia conceptual. Es el conocimiento directo, y por ello pone fin a la confusión.

La primera perfección, la generosidad, te abre a la vida. En sí misma, no pone fin a la confusión. Puedes dar y dar y dar y seguir sintiéndote separado de la vida porque tú eres el que da algo a alguien. Por lo tanto, además de dar, mira quién es el que da. No ves nada, por supuesto, pero ese es el punto. Descansar no viendo nada. Haz esto una y otra vez, cada vez que des algo. Un día algo desaparece. No ves quién da —no ves nada—; cuando das, ya no hay una conciencia de «ti mismo». «Tú» no estás dando. Solo sucede, sin pensar, sin conflicto ni reacción; es casi mágico.

En la práctica de la ética, pones atención en cada situación, considerando cuidadosamente lo que es apropiado y haces lo mejor que puedas. Esta es una práctica maravillosa pero no es la libertad. No es el completo despertar. Para incluir el aspecto de la sabiduría, pregunta: «¿Quién está actuando éticamente aquí?» Y como antes, no ves nada. Otra vez, continúa haciendo esto. Un día, caes en la completa claridad por un momento, y solo haces lo que es apropiado, sin pensar, sin tener que considerar cuidadosamente nada. De nuevo, es como magia.

Para la paciencia, concienzudamente revisas cada reacción, la experimentas y la dejas ir. Puedes tener la paciencia de Job y soportar niveles de sufrimiento, privación, inconveniencia e irritación que volverían loco a cualquiera. Pero la paciencia por sí sola no es suficiente. Otra vez, pregunta: «Quién está siendo paciente?» Mira una y otra vez. Un día, no tienes paciencia ninguna, porque nada, ni siquiera una molécula en ti, está irritada o en conflicto. El «tú» que practicaba la paciencia ya no está ahí.

Es lo mismo con la energía y la estabilidad en la atención. Mira quién se está esforzando, mira quién está meditando.

Introduce el aspecto de la sabiduría a todo lo que hagas, mirando una y otra vez a quién está actuando, quién está haciendo esto, quién está diciendo aquello. Cuando miras, no ves nada. Sigue mirando la nada, mientras realizas las actividades de tu vida diaria.

Al principio esto te desorienta y te confunde. Después te acostumbras a cortar el sentido de ti mismo de esta manera. Llega el momento en que «tú» desapareces, quizás por algunos segundos, minutos u horas, y experimentas una libertad en tu vida que no esperabas ¡Es tan simple! No puedes entender cómo no habías visto esto antes.

Todas las antiguas habilidades están ahí —generosidad, ética, paciencia, energía y estabilidad en la atención— pero ya no tienes que pensar en ello; solo suceden. Todo lo que sabes inmediatamente está disponible, pero no para ti, porque tú ya no estás ahí.

¿Cómo se hace esto? Igual que se llega a Carnegie Hall: practicando, practicando, practicando. Primero, practica para aprender las habilidades. Después practica hasta que se conviertan en algo instintivo. Después practica hasta que no quede nada de ti.

ESTROFA 31

Si no examinas tu propia confusión,
Quizás solo seas un materialista con ropa de practicante.
Constantemente examina tu propia confusión
Y ponle fin; esta es la práctica de un bodhisattva.

NO ES SUFICIENTE CON PARECER UN PRACTICANTE.

Puedes sentarte perfectamente quieto durante la meditación, llevar ropa formal, realizar rituales con precisión, incluso enseñar y guiar a otros. Sin embargo, si haces cualquiera de estas cosas para desarrollar habilidades y capacidades que te hagan más efectivo en la vida, para mejorar tu estatus en el mundo o para establecer tu identidad, entonces no puedes decir que estás practicando el camino del despertar.

¿Por qué? Porque estás utilizando la práctica para mejorar la situación de tu vida.

Imagina que tu novio te ha dejado, tu mujer ha muerto o tu hijo ha fallecido en un accidente. Luchas contra la pérdida y con todos los sentimientos difíciles que la acompañan. Si intentas comprender tu sufrimiento, pronto te pierdes en los pensamientos. En lugar de eso, cada mañana o cuando sea que practiques, descansa en la experiencia de respirar y ábrete a la experiencia de tu cuerpo. Haz esto incluyendo desde la corona de tu cabeza hasta las plantas de tus pies en tu campo de atención al mismo tiempo y permite que cualquier sensación que experimentes esté ahí, movimientos en el campo de atención que incluyen todo tu cuerpo.

En algún momento, eres capaz de sentir con claridad el dolor de tu pérdida. Este es el duelo y es importante. El dolor viene en olas, algunas veces desencadenado por un objeto familiar o un recuerdo, algunas veces por sí mismo. La red de conexión se va desenredando, y ese proceso es doloroso. El dolor del duelo no es muy divertido. Es devastador; como si te voltearan al revés. Al final, no obstante, es una sensación. El dolor en sí mismo, no te va a lastimar ni causar ningún daño. Al irse desenredando la red de la conexión, gradualmente eres capaz de aceptar la pérdida, y poco a poco puedes continuar con tu vida.

Ahora la parte difícil. Así es como utilizas la meditación para trabajar con los sentimientos difíciles. Es una forma de utilizar la práctica para mejorar la situación de tu vida. Aceptado, así es como mucha gente se acerca a la práctica y así es como muchos maestros enseñan la práctica. Numerosos métodos de práctica pueden utilizarse para trabajar con los sentimientos difíciles y las situaciones difíciles; como *mindfulness*, por supuesto, pero también las prácticas de amor y compasión, el entrenamiento de la mente, etc.

Este es un enfoque funcional. Funciona, es pragmático, pero es esencialmente materialista.

No utilices la práctica para mejorar la situación de tu vida. Utiliza la situación de tu vida para practicar.

Cuando termina una relación, usa el dolor y los sentimientos difíciles para profundizar tu práctica, esto es, tu relación con la vida misma. Por ejemplo, si tu práctica es la de tomar y enviar, toma el dolor y la pérdida de otros y dales tu propia alegría y felicidad, no para ayudarte a superar la pérdida, sino para profundizar tu intención de ayudar a otros a que se liberen del sufrimiento. Cuando trates de ver quién experimenta la pérdida, no lo hagas para encontrar alivio, sino para ver claramente la infinita profundidad de permanecer con la intensidad de tu corazón roto.

En términos generales, hay dos fases en el camino espiritual: la búsqueda y el descanso. En la búsqueda, estás en una expedición:

el despertar, la iluminación, la paz, la libertad, la sabiduría, Dios, un lugar al que puedas llamar hogar, etc. No busques una forma de mejorar tu vida, de sanar, de ser exitoso ni de satisfacer cualquier otro propósito convencional. Uno o más de uno de esos motivos te empujó a empezar el camino, pero ahora todo lo que tienes es tu búsqueda, y eso te lleva a estudiar, a entrenar y a practicar. No estás aspirando mejorar tu vida. Más bien, tu vida va adonde va tu práctica, y no siempre es una mejora.

Un día —es imposible decir cuándo ni por qué— hay un cambio. De alguna manera encuentras lo que estabas buscando; tu búsqueda ha terminado. Quizás al principio no lo reconozcas; puede ser algo confuso. Puedes quedarte sorprendido, aliviado, alegre o dudoso.

Pero tu práctica no ha terminado. De hecho, se abren varias posibilidades nuevas; ahora sientes que tu práctica acaba de empezar.

La práctica cambia en ese momento. Deja de ser una búsqueda para volverse un descanso, para ampliar y profundizar tu visión y comprensión. Cualquier objetivo que traigas a la práctica es la reafirmación de antiguos patrones; el objetivo en sí mismo distorsiona la experiencia. En lugar de eso, te das cuenta de que tienes que soltar todos tus motivos ocultos, hasta el último, incluso la idea de lograr algo. Realmente no hay nada que lograr.

Y eso es lo que practicas. Cuando tu relación termina, no practicas para superar la pérdida, sino para estar despierto y presente en lo que la vida te ha traído.

Una maestra Zen estaba destrozada cuando murió su hijo. En el funeral, lloraba y lloraba. Sus discípulos estaban sorprendidos. «¿No nos enseñaste que todo es una ilusión?» se preguntaban. Ella los fulminó con la mirada y les dijo: «Si no comprenden que cada lágrima que derramo salva incontables seres, no saben nada sobre el Zen».

¿Eres un materialista con ropa de practicante? Todo se reduce a un principio: ¿Practicas para mejorar la situación de tu vida, o utilizas la situación de tu vida para practicar?

ESTROFA 32

Te denigras a ti mismo cuando reaccionas emocionalmente y
Te quejas de las imperfecciones de otros bodhisattvas.
De las imperfecciones de otros que han entrado en el Gran
Camino,
No digas nada; esta es la práctica de un bodhisattva.

¿POR QUÉ CRITICAS A OTROS, PARTICULARMENTE A aquellos que, como tú, están comprometidos con la práctica espiritual? ¿Qué te hace pensar que tienes una mejor comprensión de su situación que ellos mismos? ¿Qué te hace pensar que tú podrías hacerlo mejor? ¿O es que solo estás celoso?

La gente comienza a dudar de ti cuando menosprecias a los que son reconocidos como muy conocedores o capaces. Te ven como alguien competitivo y mezquino cuando degradas a tus compañeros. Cuando criticas a aquellos que son menos conocedores y capaces que tú, la gente se pregunta por qué no estás ayudando o enseñando a aquellos a los que criticas.

Cuando te quejas acerca de cómo esta persona está haciendo esto mal y aquella persona está haciendo aquello mal, la gente pronto deja de escucharte. Se cansan de que desacredites la confianza, la amistad o el aprecio que tienen ellos hacia esas personas, y pierden toda la confianza que tenían en ti.

¿Qué ganas tú con esto?

No importa cuán válida sea tu crítica, eres un experto autoproclamado. Puede que no lo sepas, pero estás revelando a los demás cuán arrogante y envidioso eres. Esperas demostrar que eres inteligente, conocedor, habilidoso, creativo, fuerte, valiente u honesto. Tu crítica a los demás demuestra que crees exactamente lo contrario.

Cuando tienes plena confianza en tu propio conocimiento, habilidad o creatividad, no necesitas demostrar nada. No necesitas ser crítico ni quejarte de las imperfecciones de los demás. En cambio, puedes ofrecer apoyo, orientación y estímulo.

Puedes pensar que tus estándares son más altos, ¡no como los de los otros! Sin embargo, la mente crítica carece de alegría, empatía o compasión. Es dura e implacable. Cuanto más deficiente te sientes, más criticas a los demás. Cuanto más criticas a los demás, más refuerzas la creencia de que simplemente no estás a la altura. Es un círculo vicioso.

Del mismo modo que las personas se echan para atrás cuando criticas a otros, algunas partes de ti rehúyen ante la crítica interna que siempre les dice lo que están haciendo mal. Se cierran y pierdes la conexión con todas las capacidades de esas partes. ¿Cómo puedes estar abierto, ser consciente y responder creativamente a los desafíos en tu vida cuando tienes un juez interno, un crítico que constantemente encuentra fallas a la más mínima desviación de los altos estándares que ese juez supuestamente considera sagrados?

Cuando lo ignoras, habla más alto y más rápido. Cuando lo excluyes, usa tu resistencia como combustible para criticarte. Cuanto más lo ignoras, más vociferante se vuelve. Mantiene un flujo interminable de comentarios críticos sobre tu práctica y sobre todo lo que haces en tu vida.

La creencia de que eres básicamente deficiente es una historia, una historia profundamente arraigada, autorreferencial y completamente convincente quizás, pero de todos modos una historia. Es un sistema cerrado que no permite ningún cuestionamiento ni ninguna comprensión alternativa de tu vida. Tómate unos momentos y siéntate con este crítico interno. Siente cuán duro, enojado y mezquino es. ¿Es así como quieres ser?

Usa cualquiera de los métodos presentados anteriormente para experimentar esta parte de ti sin ser consumido por ella: tomar y enviar, atención al cuerpo, emociones e historias, o conciencia abierta. Sigue abriéndote hacia él hasta que puedas estar presente en él y consciente al mismo tiempo. Debajo se encuentra una profunda sensación de deficiencia, de no ser suficiente, de no estar a la altura de ciertos estándares. Se siente como si fundamentalmente fueras un perdedor, un fraude, un don nadie.

Sigue mezclando tu atención con tu experiencia de esta historia, esta creencia. En algún momento, surge la comprensión, no una comprensión intelectual, sino un cambio visceral en tu cuerpo. Te sientes perdido y desorientado. Ya no sabes quién eres. Los puntos de referencia habituales, incluidos los estándares increíblemente altos, se han ido, y experimentas una ligereza y una alegría que nunca habías experimentado antes. Es como si hubieras salido de una cueva oscura hacia el sol. Te alegras por los éxitos y los esfuerzos de los demás. Por tu propia experiencia con las dificultades, entiendes muy bien cómo otros pueden cometer errores o no cumplir con el ideal del bodhisattva, pero los ves con comprensión y compasión, no con crítica. Ya no necesitas enaltecerte a costa de ellos.

Este no es un problema trivial. La mente comparativa no se suelta fácilmente. Existen poderosas fuerzas sociológicas y culturales que la mantienen en su lugar y la refuerzan. Particularmente cuando estás en una posición de maestro, o en cualquier posición en la que eres responsable de otros, la mente comparativa se reafirma una y otra vez. Nunca eres el maestro perfecto; siempre estás por debajo de tus ideales. Eres muy consciente de tus errores. Siempre habrá personas a las que no puedes enseñar. Pero eso no significa que seas fundamentalmente defectuoso ni deficiente, aunque esa parte de ti a menudo está lista para saltar y agarrar el micrófono.

Cuando sientas el impulso de criticar, mantén la boca cerrada. Siente qué es lo que impulsa esa necesidad. Te estás comparando con los demás porque esa parte de ti se siente «menos que». Conoce esta deficiencia y reconoce que es un sentimiento, no un hecho. Descansa en ese conocimiento y practica el tomar y enviar; tomando la sensación de ser deficiente de otros y dándoles alegría y libertad a cambio. Cuanto más sientas alegría por los demás y en tu vida, más se debilita el mecanismo crítico en ti mismo. Cada vez que tocas visceralmente el conocimiento de que ese mecanismo no es un hecho sino una creencia, te liberas y el mundo entero se libera contigo.

ESTROFA 33

Discutir con otros sobre estatus y recompensas,
Debilita el aprendizaje, la reflexión y la meditación.
Abandona el apego al círculo familiar,
O al círculo de aquellos que te apoyan; esta es la práctica
de un bodhisattva.

IMAGINA QUE VAS A MORIR EN UN MINUTO.
Dondequiera que estés mientras lees esto, detente.
En un minuto te vas a morir.
Un minuto.

No tienes tiempo de llamar a nadie, no tienes tiempo de poner en orden tus asuntos, ni tiempo para resolver ningún problema en tu vida. Como sea que estés ahora, dondequiera que estés ahora, se ha acabado. Tienes un minuto y después tu vida se habrá terminado.

Tic, tac, tic, tac...
Terminó.

¿A qué dedicaste el último minuto de tu vida?

¿Te preocupó el estatus: en el trabajo, en tu familia o con tus amigos? ¿Qué tal los reconocimientos, recompensas o agradecimientos? ¿Pensaste en tus posesiones, lo rico o lo pobre que eres? ¿Te preocupó lo que otros pensarían de ti cuando ya no estés?

Lo más probable es que te hayas quedado callado, muy callado. Miraste alrededor, observando todo lo que podías ver. Te sentiste un poco sorprendido ante la perspectiva, preguntándote, tal vez, cómo será el final de la vida. La riqueza, el estatus, el reconocimiento y la influencia; esto es lo que te motiva en la vida. Todo esto, de una u otra manera, está motivado por el temor a la muerte. Sin embargo, cuando te encuentras cara a cara con la muerte, estas cosas desaparecen.

Observa las dinámicas en tu familia. ¿Cuánto tiempo y energía has invertido en ser el favorito de la familia, el hijo de oro, la oveja negra, el desventurado perdedor o el pilar de la comunidad? ¿Cuántas penas y problemas te acarrea esta inversión en tu círculo familiar?

Observa tus relaciones con aquellos quienes te apoyan, aquellos que te proporcionan un ingreso, un trabajo o un lugar en el mundo. Te preocupa lo que tu jefe piensa de ti. Te tomas muy en serio incluso las cosas más rutinarias. Tu salud se hace pedazos con el estrés constante de tantas horas de trabajo y tantas tareas. Eres cortés y cordial con tus colegas; sin embargo, discretamente realzas tu posición a sus espaldas. ¿Por qué buscas cada vez más reconocimiento, recompensa y responsabilidades? Estás fuertemente involucrado en tu círculo de trabajo; pero, ¿qué te aporta al final?

A la luz de la muerte, ves claramente lo que es importante y lo que no. Te sorprende cuánto tiempo y energía se va en asuntos que, al final, no significan mucho para ti o no hacen mucha diferencia en tu vida.

A la larga, la riqueza, el estatus y las influencias son mucho menos importantes que la experiencia del momento a momento de la vida misma. Cualquier forma de idealismo parece grandiosa, arrogante y pretensiosa. Cuando enfrentas la muerte, te abres a lo que habías mantenido cerrado por mucho tiempo. Para profundizar tu relación con la vida, céntrate en lo que es vital e importante, y suelta lo secundario.

ESTROFA 34

El lenguaje ofensivo perturba a otros
Y daña la ética del bodhisattva.
No perturbes a la gente ni
Les hables ofensivamente; esta es la práctica de
un bodhisattva.

UN HOMBRE FUE A VER AL MAESTRO Y SOLICITÓ SER aceptado como alumno. El maestro lo miró cuidadosamente. Luego le dijo: «No estás listo. Vuelve en tres años». El hombre hizo una reverencia y se fue.

Uno de los estudiantes del maestro le preguntó: «¿No ha sido un poco duro?»

«Realmente él no estará listo hasta dentro de 10 años», respondió el maestro.

«Decir eso hubiese sido duro».

¿Qué es hablar correctamente? La definición tradicional es decir algo sincero, útil, amable y oportuno.

¿Qué sucede cuando conscientemente intentas decir algo de una manera sincera, útil, amable y oportuna? Piensas en lo que vas a decir, cómo lo vas a decir, cómo es probable que se reciba, y lo que dirás entonces. Todo ese pensar te deja fuera de la conversación y en lugar de participar haces una actuación. Estás tan preocupado por cómo vas a sonar que lo que dices suena afectado y forzado, o te quedas completamente mudo.

Mucha gente, incluso practicantes experimentados dejan de estar atentos y dándose cuenta al hablar. No están acostumbrados a actuar ni a hablar con atención.

Cuando abres la boca, los patrones habituales a menudo toman el control. ¿Cuántas veces has tenido claro lo que querías decir y cómo lo querías decir, y salió de otra manera? En muchas situaciones no sabes cuál de las miles de voces que hay dentro de ti, tomará el micrófono hasta que empiezas a hablar. No sabes y no puedes saber lo que vas a decir hasta que las palabras salen de tu boca.

Cuando hables, escucha el sonido de tu propia voz —como si estuvieras escuchando a otra persona—; quizás no te guste lo que escuchas, pero escucha de todas maneras.
Si escuchas un tono alterado en tu voz, sabes que estás enojado. Si tu voz suena quejumbrosa, sabes que te sientes débil o inseguro. Te escuchas cuando estás vendiendo tus ideas o cuando intentas seducir a alguien en contra de su voluntad (Habrá un poco de insistencia o falso encanto en tu voz). Te sorprendería escucharte hablando con la voz de tu madre o tu padre y pensar: «¡Qué raro! ¿De dónde viene eso? ¡Ese no soy yo!»
En particular, cuando empiecen a salir palabras de enojo, de abuso, palabras sarcásticas, o que quitan autoridad, palabras que son condescendientes, acusatorias, insultantes, groseras, ofensivas, peyorativas, irrelevantes o sin sentido, te escuches e inmediatamente te detienes.
Te sientes desnudo, abierto e incómodo. Ahora estás de nuevo en la interacción: mira a la otra persona; ábrete a la situación. Ábrete a todo lo que sucede, dentro y fuera de ti. Y comienza de nuevo.
No confundas la práctica con el resultado. El resultado es hablar correctamente; hablar lo que es verdadero, oportuno, fácil de escuchar y relevante. La práctica es no distraerse, no controlar, y no trabajar.
No distraerse quiere decir que estás presente en la interacción, presente en todo lo que sucede. No estás pensando en otra cosa.
No controlar quiere decir que no estás pensando ni planeando estrategias sobre lo que vas a decir ni cómo lo vas a decir. Cuando

hablas, lo que dices surge como respuesta a lo que experimentas con la otra persona, o no dices nada en absoluto.

Como dice Rumi:

Una flor blanca crece en la quietud.
Deja que tu lengua sea esa flor.

No trabajar quiere decir que no estás intentando conseguir nada. Por ejemplo, si estás teniendo una conversación con un amigo o un colega y piensas que se ha equivocado, en lugar de discutir con él, respondes a lo que ha dicho y le dejas descubrir los problemas, si los hay, en su forma de pensar. El resultado es hablar correctamente. Lo que dices es verdadero. Lo dices de una forma que puede ser escuchado. Evitas ser innecesariamente duro o hiriente. Lo que dices es relevante; se aplica a lo que está sucediendo o a lo que se está discutiendo.

¿Por qué es tan importante el habla correcta? La mayoría de tus relaciones con los demás implican hablar. Si no estás presente y consciente cuando hablas, no estás presente ni consciente en tus relaciones.

ESTROFA 35

Una vez que las reacciones emocionales se han vuelto un hábito, es difícil hacer que los remedios funcionen.
Una persona atenta y consciente usa los remedios como armas
Para aplastar el deseo y otras reacciones emocionales
Tan pronto como surjan; esta es la práctica de un bodhisattva.

¡CORTA LAS REACCIONES EMOCIONALES CON EL HACHA del entendimiento! ¡Aplástalas con la fuerza de la atención! ¡Destrúyelas por completo con amor y compasión! ¡Aplástalas con la apisonadora de la vacuidad!

¿No sería maravilloso que realmente pudieras hacer eso: explosionar las reacciones emocionales en mil pedazos y deshacerte de ellas, de una vez para siempre? No funciona de esa manera. Cuando las atacas directamente, desaparecen, se adaptan y regresan. La fuerza bruta es raramente eficaz.

No puedes matar las reacciones emocionales. No están vivas. No están conscientes.

Estas líneas son poesía, metáforas. Aquí la metáfora es una guerra, una ocurrencia bastante común en las culturas budistas medievales. Las metáforas son buenas porque atraviesan tu intelecto y te tocan directamente. ¿Cuál es el mensaje de esta metáfora?

La guerra es un negocio absolutamente serio. Luchas por tu vida, por el bienestar de aquellos que están cerca de ti, por el mundo en el que quieres vivir. Usas todos tus recursos, tu energía, habilidades, atención, valor y determinación. Para liberarte de las reacciones emocionales, también tienes que hacer uso de toda tu energía, habilidades, atención, valor y determinación.

Pero las metáforas son útiles solo hasta cierto punto. Aquí, la metáfora de guerra expresa la energía que necesitas, pero no transmite las sutilezas de cómo trabajar de manera eficaz con tus propios patrones reactivos.

Estos patrones son expertos en supervivencia o, para ser más exactos, en persistencia. Comenzaron como estrategias para enfrentar ciertas circunstancias y aseguraron tu supervivencia en situaciones difíciles. Evolucionaron hasta convertirse en complejos mecanismos que reaccionan tenazmente a cualquier situación amenazante. Son luchadores programados.

¿Puedes utilizar la atención como si fuera un palo y golpearlos hasta hacerlos pedazos? Probablemente no. La violencia engendra violencia, y tus patrones son más hábiles que tú en ello. Se formaron en situaciones violentas, situaciones que amenazaban tu existencia. No tienen compasión, ni remordimiento, ni conciencia. Simplemente se echan a andar —mecanismos ciegos y despiadados que se disparan ante cualquier sentido de amenaza o peligro—; miran el mundo en función del pasado y actúan en consecuencia.

Se formaron para protegerte, pero no tienen conciencia de quien eres ahora ni cómo es tu vida. No están activos cuando estás presente y atento, porque la atención y la conciencia inhiben su funcionamiento. Surgen cuando tu atención está en otro lado y cuando menos te lo esperas.

Si te resistes a ellos directamente, se comen tus remedios y absorben la energía de tus esfuerzos. Terminan más fuertes que antes, y tú terminas siendo más reactivo.

¿Cómo entonces reclamas tu vida y tu patrimonio humano sin que se desencadenen los mecanismos de supervivencia arraigados en esos patrones? ¿Cómo utilizar toda tu energía, habilidad, valor y determinación?

Elige una reacción emocional que conozcas bien —la ira, el orgullo, la culpa o cualquier otra—; escoge una y deja que surja. Si lo necesitas, puedes recordar o imaginar una situación específica. Siente cómo se expresa en tu cuerpo: una tensión aquí, una tensión allá, una debilidad en las piernas, un vacío en el estómago. No te concentres en las sensaciones. Solo ábrete a ellas.

Haz de todo tu cuerpo el centro de atención y deja que las sensaciones asociadas a las reacciones emocionales surjan en ese campo. Experiméntalas como movimientos en el campo.

Varias sensaciones pueden captar tu atención, y caerás en la distracción. Tarde o temprano te darás cuenta de que estabas distraído. En cuanto te des cuenta, ábrete de nuevo a todo tu cuerpo y deja que las sensaciones estén ahí, como hojas al viento.

Si la reacción emocional adquiere fuerza, simplemente se ejecuta. Consume toda tu atención, y tus intentos de cambiar se convierten en paja a merced de ráfagas de viento. Sin embargo, tienes otras posibilidades cuando reconoces la reacción a tiempo; por eso la necesidad de estar atento y alerta.

Algunas veces la reacción emocional se libera tan pronto como te das cuenta, y no hay nada más que hacer.

Algunas veces no puedes ni tocar ese patrón. Simplemente está demasiado caliente, demasiado lleno de miedo. Te consumen las historias. Pierdes cualquier sentido de tu cuerpo. Caes en la distracción y la confusión, más no por mucho tiempo, y el patrón se desarrolla. Recuperas la atención y luego vuelves a empezar. Puedes fallar miles de veces antes de que desarrolles la habilidad y la capacidad para permanecer presente en la reacción. Por eso se le llama práctica. Por eso necesitas determinación. Estos son fantasmas, generalmente del pasado. No te pueden hacer daño ahora, pero para ti, definitivamente se siente como si la vida estuviera en juego, y entonces es cuando entra el valor.

En algún momento experimentas la reacción física y emocional relativamente libre de historias y asociaciones. Experimentas sentimientos guardados de hace mucho tiempo que la atención nunca había tocado. A menudo es desagradable, doloroso y atemorizante, también un alivio; todo al mismo tiempo.

¿Cómo, entonces, «destruyes» una reacción? Dejas que corra

dentro de ti, experimentándola completamente en tu campo de atención y conciencia. Surge, te agita con su turbulencia, y luego se va; por un momento es un fantasma terrorífico, después es como el viento que sopla, y después no es nada.

ESTROFA 36

En resumen, en cualquier cosa que hagas,
Cuestiona el estado de tu mente, momento a momento.
Estando constantemente presente y consciente
Haces que se dé lo que otros necesitan; esta es la práctica de
un bodhisattva.

DEBIDO A QUE TOKMÉ ZONGPO ESCRIBIÓ ESTOS VERSOS como recordatorios para sí mismo, no sorprende que termine con un recordatorio de que la atención y la conciencia lo son todo.

El mundo no se desarrolla pensando. Es el colmo de la arrogancia humana creer que el contenido de los pensamientos tiene algún efecto en el mundo o en el universo. La mente es cómo experimentas el mundo.

Solo tus acciones tienen un efecto.

Piensas que tú decides lo que haces. Crees que tú actúas. Piensas que controlas tu vida, y que si eres suficientemente fuerte o poderoso o sutil, también controlarás la vida de los otros. Todas estas cosas son mitos.

Lo que haces no está determinado por lo que piensas. La mayoría del tiempo, lo que haces está determinado por un patrón de reacción. Pensar, incluso la experiencia de decidir es parte de ese patrón. A menudo viene después del hecho o alrededor de la acción misma.

El pensamiento está siempre al servicio de un patrón u otro. Frecuentemente, el pensamiento es la justificación o la explicación que presenta el patrón después de apoderarse de tu cuerpo, corazón y mente, y después de haber iniciado la acción. Tomar una decisión en muchos casos, es simplemente una experiencia, un conjunto de pensamientos, sentimientos y sensaciones que acompañan el curso de una acción.

Piensas que tú decides lo que haces, pero no es el caso.

Cuando te encuentras en una situación imprevista —tu novia rompe contigo, un amigo cuestiona tu integridad, ganas la lotería— los pensamientos e historias empiezan a girar. Ni siquiera puedes pensar bien. El dolor, la vergüenza, la emoción o el miedo predominan. Te cuesta respirar. Tu corazón late violentamente. Gritas asustando a tu novia. Algo se cierra en ti y no le vuelves a hablar a tu amigo. Sales a comprar, compulsivamente, cosas que nunca usas.

¿Tú hiciste que sucedieran todos esos pensamientos, sentimientos o reacciones físicas? ¿Qué, exactamente, decidiste tú aquí?

Considera un ejemplo realmente común: un crucigrama. Lees la definición de una de las entradas. Tienes algunas letras clave. Piensas en todas las palabras que podrían ser, pero ninguna encaja. Estás bloqueado. Tomas un descanso, te preparas un café, y de repente, aparece en tu mente la palabra que estabas buscando.

¿Hiciste que eso sucediera?

En el mundo actual, la creencia de que tú eres el autor de tu vida se mantiene profundamente. Cuando una situación no va de la manera que esperabas o que querías, buscas qué fue lo que salió mal y a quién puedes culpar. Buscas una explicación que encaje en la creencia que tú eres el autor de tu mundo.

Si verdaderamente miras lo que sucede en tu mente, verás que diferentes tipos de pensamientos, sentimientos e impulsos surgen todo el tiempo. Sobre algunos actúas. Sobre otros no. ¿Quién decide? ¿Qué hace que un impulso se convierta en acción y otro no?

Tan pronto como se desencadena una reacción emocional, da forma a la manera en que ves el mundo. No puedes hacer nada sobre eso. Todo lo que haces después de eso tiene sentido en el mundo proyectado por la reacción, incluso si no tiene sentido en el mundo en general. Se estima que entre el noventa y ocho y noventa y nueve por ciento de tus pensamientos y sentimientos son resultado de un patrón u otro. La única manera de reducir los efectos distorsionados de los patrones es llevar tanta atención como sea posible a lo que estés experimentando.

Por consiguiente, cualquier cosa que hagas, cuestiona qué está surgiendo en tu mente. No te creas nada de ello.

En situaciones complejas muchos patrones se desencadenan simultáneamente. Pensamientos e ideas en conflicto corren en tu mente. Sentimientos conflictivos destrozan tu corazón. Tu cuerpo se mueve primero en una dirección, luego en otra. Patrones e identidades luchan por mantenerse. Son sus luchas lo que experimentas como confusión, inseguridad e indecisión.

Seguridad absoluta y decisiones inflexibles se generan similarmente. Ni siquiera puedes pensar qué hacer porque todos tus pensamientos están al servicio de un patrón.

En situaciones difíciles, quédate en el desastre. Utiliza los métodos y prácticas descritos aquí para volver a la atención hasta que encuentres claridad abierta, en el desastre, no aparte de él.

Claridad significa que experimentas lo que surge claramente. Pensamientos y sentimientos surgen como reflejos en un espejo. Cuando miras el espejo, no ves un espejo; ves lo que refleja. Cuando sabes que los reflejos son reflejos y no objetos reales, sabes que estás mirando un espejo. Los pensamientos y sentimientos son similares; cuando sabes que los pensamientos y sentimientos son pensamientos y sentimientos, sabes que estás mirando tu mente. Eso es claridad.

Abierto significa que miras sin prejuicio y sin confusión. No suprimes ni ignoras nada de lo que surge, interna ni externamente. Considera todo lo que experimentes como un sueño. Al mismo tiempo, mira qué es qué; no confundas una cosa con otra, experimenta cada elemento en el sueño vívida y claramente.

La intensidad de tus pensamientos y sentimientos disminuye porque estás atento y estás en el espacio donde surgen. Como el silencio y el sonido, o la quietud y el movimiento, los pensamientos y sentimientos no están separados del espacio abierto de la conciencia. Sigues sintiendo todo, pero ya no luchas contra ello.

Es complejo, porque si caes en una pequeña distracción, pierdes la atención y nuevamente estás perdido. Continúa volviendo a esa claridad abierta y descansando en el desastre hasta que seas consciente de la conciencia eterna que eres tú y no eres tú. Eres tú, porque eres consciente. No eres tú, porque «tú» como entidad separada no está ahí.

En esa conciencia eterna, surge un saber; un saber que no es conceptual. No lo impulsa una reacción ni un patrón. Surge al conocer, comprender, aceptar y abrirte exacta y precisamente a lo que está surgiendo en tu vida. Sabes dónde están los desequilibrios, no a través del pensamiento, sino por sentirlos directamente. Y sabes lo que tienes que hacer para abordar esos desequilibrios. Esa comprensión toma expresión a través de tu cuerpo, a través de la acción.

Así es como das lugar a lo que ayuda a otros. Aquí la compasión es un resultado, no un método. Sin pensar en cómo ayudar a otros, sin intentar ser ni hacer nada, respondes a la necesidad de cada momento, a la dirección del presente, a los desequilibrios y al dolor del mundo.

ESTROFA 37

Para disipar el sufrimiento de todos los seres sin límite,
Con sabiduría libre de los tres dominios
Dedica toda la bondad generada por estos esfuerzos
Hacia el despertar; esta es la práctica de un bodhisattva.

NO TE AFERRES AL MÍNIMO DESEO NI A LA ESPERANZA de beneficiarte de tu práctica. Suéltalo todo; hasta el último pedacito. Te sientes bien por lo que has hecho. Sin embargo, aferrarte a ello es como vivir en el pasado, no en el presente. Suéltalo todo, incluso lo bueno que haces.

Quizás quieras creer en la idea de la bondad, y que la puedes dedicar al despertar de los demás, y que este tipo de dedicación también te ayuda a ti de alguna manera. Tomadas literalmente, estas ideas son como cuentos para niños. Tomadas con la intención que tienen, sin embargo, pueden moverte profundamente a la totalidad de la experiencia, donde todas las palabras fallan, no obstante eres capaz de responder al dolor del mundo completamente y sin reservas.

El camino del bodhisattva es un camino sin punto de referencia, ninguna referencia: ni la bondad, ni el despertar, ni la vacuidad. Nada. Tus acciones vienen de la claridad abierta de la conciencia, no de tus pensamientos y sentimientos.

Otra vez, toma un momento y considera cómo tu práctica ha afectado tu vida, cómo ha cambiado tu vida quizás. O considera lo que has aprendido o comprendido tras leer estas ideas.

Ahora, como dice el verso, dirige toda la bondad al despertar. Piensa en todos los seres, todos los miles, millones y billones de seres en el mundo. Piensa en cómo todos luchan en su vida por comida, agua, refugio y seguridad. Piensa en dedicar toda la bondad que hayas generado en tu vida a su bienestar. No guardes ni lo más mínimo para ti. Todo, absolutamente todo, va hacia ellos.

Cuando haces esto, puedes sentir un ligero tirón en tu corazón. Siente el tirón, siente cómo te gustaría guardar un poquito de ese beneficio para ti y mientras sientes ese tirón, otra vez, dedica toda bondad al beneficio de todos los seres. Suéltalo todo. Que todo vaya hacia ellos.

Cuando el sentimiento de dedicación sea claro y fuerte en ti, sabrás que no hay otros seres, no hay nada que dedicar y no hay ninguna dedicación. Todo esto son pensamientos e ideas, maneras de relacionarte con lo que experimentas en cada momento.

Descansa ahí.

En cierto modo, esto es lo mismo de siempre, lo mismo de siempre, pero un maravilloso mismo de siempre. Todo desaparece, y ahí estás tú, despierto y presente, libre de los tres dominios.

Esa es la dedicación en la práctica del camino del bodhisattva.

FUENTE

Siguiendo la enseñanza de los santos,
De acuerdo con los sutras, tantras y comentarios,
Presento estas treinta y siete prácticas de un bodhisattva
Para aquellos que tienen la intención de entrenarse en este camino.

HAS LLEGADO AL FINAL. EN TUS MANOS TIENES LA esencia del camino del bodhisattva presentado por un inteligente y dedicado practicante que vivió en el Tíbet en el siglo XIV. Es un camino tradicional, una secuencia sistemática de prácticas establecidas por el maestro indio Atisha en el siglo XI, una secuencia que se convirtió en modelo para el camino del bodhisattva en las tradiciones budistas del Tíbet.

Al escribir este poema, Tokmé Zongpo confió en las enseñanzas tradicionales —los sutras, tantras y comentarios— y, aunque no lo dice explícitamente, en su propio entrenamiento y experiencia.

Este camino fue su vida. De su biografía, está claro que no buscó fama, reconocimiento, riqueza ni inmortalidad. Aprendió estas enseñanzas de memoria y las vivió lo mejor que pudo. Dejó esto por escrito para sí mismo, por supuesto, pero también para otros.

Un final es siempre un principio.

¿Qué vas a hacer ahora?

AUTORIDAD

Debido a que tengo una inteligencia limitada y poca
educación,
Estos versos no son la clase de poesía que agrada al erudito.
Sin embargo, ya que están basados en las enseñanzas de los
sutras y los venerados,
Confío en que *Las prácticas de un bodhisattva*, es un poema
sensato.

ESCRIBIR ES SIEMPRE UN RETO. PONTE EN EL LUGAR de Tokmé Zongpo.

Por un lado, tienes el ejemplo de aquellos que han ido antes que tú. La época, la cultura, la política y muchos otros factores filtran lo que eres capaz de estudiar, aprender y practicar. Has tenido acceso solamente a lo mejor de los maestros del pasado, a lo mejor que se ha hecho, y no puedes imaginar cómo algo que tú hagas, digas o escribas se pueda siquiera comparar.

Por otro lado, tienes lo que está sucediendo en tu propia vida. Sabes adónde quieres ir en tu práctica; sin embargo, sientes una tensión entre lo que te ha llegado de los viejos maestros y lo que sientes que necesitas hacer para practicar en la vida que tu vives ahora.

¿Qué haces?

Basándose en lo que había aprendido y lo que había experimentado en su propia práctica, Tokmé Zongpo escribió estas treinta y siete prácticas para ayudarse a concentrar sus esfuerzos.

Quizás consideres hacer algo similar. No tienes que escribir treinta y siete prácticas, por supuesto. Puedes escribir tres o cinco o dieciséis prácticas, o simplemente podrías empezar a escribir y terminas cuando terminas.

¿Qué has aprendido sobre la práctica? ¿Qué recordatorios escribirías para ti mismo?

DEFECTOS

Sin embargo, ya que es difícil que alguien como yo, con
limitada inteligencia,
Comprenda la profundidad de las grandes olas de la
actividad de los bodhisattvas,
Pido a los venerados que toleren cualquier error que haya
cometido,
Contradicciones, incongruencias y cosas parecidas.

UN POCO DE HUMILDAD LLEGA LEJOS. PUEDES SER LA persona más inteligente de la sala, o la más experimentada, o la más poderosa, o la más.... Aún así, siempre hay cosas que otra gente puede hacer mejor que tú, puntos que pierdes, y profundidades que no has tocado.

El progreso en la práctica no es lineal. A veces parece una serie de tropiezos que van de un entendimiento a otro. Después de meses o años de esfuerzo, una simple oración o un sonido inesperado de repente provocan una nueva visión o una profunda apertura, y una línea o una estrofa que pensabas que comprendías revela dimensiones ocultas. Tu antigua comprensión no es incorrecta. Ahora la ves como una faceta de una joya multifacética.

De este modo, al componer estos versos Tokmé Zongpo no presume de haber sondeado las profundidades de las enseñanzas tradicionales ni de haber apreciado completamente lo que otros hicieron en el pasado. Al contrario, él pide a los maestros de antaño que sean pacientes con él. Esto es lo que él comprende ahora. Mañana puede ser diferente.

Es importante saber lo que sabes y reconocerlo.

Es igualmente importante saber lo que no sabes y reconocerlo.

¿Qué haces cuando cometes un error? ¿Cómo respondes cuando alguien te hace un comentario? ¿O una crítica?

Antes de que defiendas tu posición, tu reputación, tu punto de vista o tu identidad, escucha lo que otros están diciendo.

Escucha.

Puedes aprender algo, y puede ser algo importante.

Si has cometido un error, no lo ocultes. No lo escondas. No hay por qué avergonzarse. Tú eres la única persona que pensó que podrías ser perfecto.

Los errores te dan la oportunidad de aprender algo que no sabías, y quizás no sabías que no sabías.

Un poco de humildad llega lejos.

DEDICACIÓN

Por la bondad derivada de este trabajo, que todos los seres
Al despertar, tanto a lo que parece ser como a lo que
 es verdad,
No descansen en ninguna posición limitante: existencia
 o paz,
Sino que lleguen a ser iguales a Gran Compasión.

VIVES EN LA APARIENCIA DE LAS COSAS Y TOMAS
como verdadero lo que parece ser verdadero. El reto es conocer la diferencia entre el contenedor y el contenido.

Lo que eres no puede ponerse en palabras.

Lo que se puede poner en palabras, lo que puede describirse, comerciarse o compartirse, es solo la apariencia de las cosas, no lo que eres.

Necesitas conocer ambas, la apariencia de las cosas y que no hay nada más allá de la apariencia de las cosas.

Es un misterio.

Cuando aceptas el misterio, no buscas ni seguridad ni escape: la ilusión de control, por un lado, el espejismo de la trascendencia por el otro.

Cuando sabes que no hay nada más que esta experiencia llamada vida, no hay nada que hacer más que aceptarla en toda su complejidad y simplicidad, con sus alegrías y sus penas. Cuando comprendes cómo y por qué todos luchan en la vida, tu único deseo es que ellos encuentren la libertad también, la libertad personificada por Avalokiteshvara, la libertad de Gran Compasión.

RECONOCIMIENTOS

ASÍ COMO UNA OBRA DE TEATRO NO ES SOLAMENTE el trabajo del dramaturgo, un libro no es solamente el trabajo de un autor. Nunca se me hubiera ocurrido escribir este libro si un cierto número de personas no hubieran guardado la serie de boletines mandados por correo electrónico que empecé en el otoño de 2010 y me hubieran pedido que los reuniera en un libro. Motivado por este interés, empecé revisando los comentarios iniciales en 2011 y completé el primer borrador de este manuscrito en la primavera del 2012.

Además, la edición incisiva de Janaki Symon y su apoyo constante me ayudaron a darle vida y sentido al primer borrador. Los comentarios de Ruth Gilbert y Jon Parmenter aclararon un número de puntos importantes. Ann Braun, Rik Jespersen y Shawn Woodyard hicieron críticas constructivas. Christy Stebins y Andy McLellan dieron al texto la corrección final y sugirieron muchas mejoras. Finalmente, Valerie Caldwell diseñó el libro, dándole elegancia y sustancia en las tres ediciones: tapa dura, tapa blanda y digital.

Mi agradecimiento y aprecio para todos.

Mi agradecimiento también a Diego Sobol y Majda Juric, Ann Braun y Claire Wheatley, y Jaynn y Harold Kushner, quienes me proporcionaron ambientes tranquilos y de apoyo en los que pude trabajar en los borradores finales.

Ken McLeod

ACERCA DEL AUTOR

KEN MCLEOD ES CONOCIDO POR SU HABILIDAD PARA explicar enseñanzas profundas y sutiles en un lenguaje claro y simple. «Él destila la naturaleza y el propósito del budismo para hacerlo accesible a cualquier recién llegado sin empobrecerlo», escribe Phil Catalfo (Yoga Journal, Julio 2001) en su reseña del primer libro de Ken: *Despierta a tu vida*.

Nacido en Inglaterra en 1948, Ken creció en Canadá y viajó por tierra a la India (haciendo gran parte del trayecto en bicicleta) en 1969-70. Ahí conoció a su maestro principal, Kalu Rinpoche. Ken prestó sus servicios como intérprete de Kalu Rinpoche, tanto en la India como en sus primeros dos viajes para enseñar en Norteamérica. Después de que Ken completó dos retiros de tres años, fue designado para enseñar en Los Ángeles. En 1990, Ken estableció Unfettered Mind (Mente sin Restricciones), un lugar para personas cuyos caminos están fuera de los centros e instituciones establecidos.

En 1996, Ken agitó al mundo budista con su modelo de consulta uno a uno en la práctica budista. Su enfoque se considera ahora un modelo viable para los maestros budistas en occidente. Además de retiros y cursos, Ken también condujo programas de entrenamiento para maestros y guió a varios maestros nuevos. Continúa haciéndolo de manera más informal.

En 1999, Ken estableció una práctica de consultoría centrada en habilidades de liderazgo, trabajo en equipo y efectividad personal y organizacional. Ha creado dinámicas organizacionales que naturalmente generen interacciones productivas dentro de las organizaciones. Para este fin, cuenta con la habilidad de reformular problemas de una manera en la que sus clientes ven por sí mismos cómo resolverlos.

Ken tiene un postgrado en matemáticas de la Universidad de Columbia Británica (Canadá), más de veinte años de entrenamiento intensivo en disciplinas del Este (incluyendo el budismo, el taichí y otras artes marciales), y más de veinte años de experiencia enseñando y en consultoría.

ACERCA DEL AUTOR

NOTAS

www.ingramcontent.com/pod-product-compliance
Lightning Source LLC
Chambersburg PA
CBHW032038290426
44110CB00012B/853